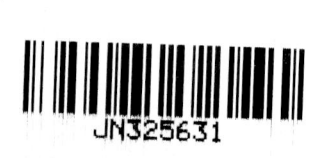

オリジナルの人生に乾杯！

ganさんが遡《ゆ》行《く》

北海道の沢登り独断ガイドブック

GUIDE BOOK

岩村和彦

月～金は
フ・ツ・ウの
サラリーマン
で～す。
土、日は
任せろ！

我がままばかりじゃ駄目でしょ

出版にあたって

北海道の沢登りに関する本が余りにも少ない。またあったとしても大雑把な内容は筆者のような経験者には十分に役立つものの、初心者レベルの愛好者や未経験者にはもう少し分かり易い具体的な本があればいいなと、常日頃思っていた。
2006年「ganさんが遡行　北海道の沢登り」、2007年「ganさんが遡行　北海道沢登り三昧」と過去2冊の本を共同文化社から出版したのはご存知の方も多いと思う。
あれは何だ？と問われれば紀行文となるのだろうが、厳密なジャンル分けは分からない。
果たして前述した2冊がそれを満たしていたかは自信がないが、巷の声を聞く限り少しは役に立っているのかもしれない。
本音で言えば次に出す本も従来路線を踏襲したかった。
それは何より筆者自身の書く楽しみのためでもあるし、遡行にまつわる様々なエピソードと共に同行してくれた沢屋達の喜怒哀楽と味のある人間性にも触れたかったからだ。
前回の出版から3回目の沢シーズン

が終わる。この間にも筆者の遡行は続いている。過去経験した沢を二度、三度と繰り返し歩いているのもあれば、地図だけを頼りに一般には全く知られていない無名な沢も含めると70本は下らない。それ以前にも遡行していながら未紹介のルートもある。それら全てとは言わないが一つでも多くの沢を読者に紹介したいと思う。そのためには我がままばかりを押し通す訳にもいかない。

この度これまで遡行した沢をより客観的な記述で紹介することにより、沢登り愛好者へ体力や技量に合わせた選択肢を提示したいと本書の出版に至る。頂は同じであってもそこに到達するいくつかの沢それぞれに個性があって難易度も違えば、掛かる時間も消耗する体力にも差異がある。結果簡単で滝一つない沢だって、遡行して初めて分かることだ。未知の沢を遡行する楽しみを覚えれば沢の世界はもう一段広がる。

名が知られている沢も、三角点すらない無名峰までの地味な沢も筆者にとっての価値は等しい。「何でこんな沢載せているんだ」と小言のひとつも言われるとしたらある意味本望かもしれない。

本の出版以来沢愛好者が増えていると聞いてはいるが、この3年間をとっても沢中で他の遡行者に遇ったのは一、二度に過ぎない。まだまだ沢登りは特殊な遊びの位置づけの中にある。登山ブームと呼ばれて久しいが、夏道登山だけしかやらないことがどれほど勿体ないことかと思う。

一度だけでもいい。是非沢登りの世界に足を踏み入れてみてはどうだろう。本書を手に取ったのを機会に一人でも多くの沢登り愛好者が増え、北海道の大自然の魅力を思う存分享受してくれることが筆者の願いだ。併せてこの掛け替えのない財産を後世へ引き継ぐのが我々の責務であることを強く自覚できればと思う。

何処かの沢でそこの貴方とお遇いできたら、それもまた幸せなことだ。

2010年弥生の夜は、
ちあきなおみの「喝采」を聴きながら
ganさんこと **岩村和彦**

CONTENTS

>>> 目次

002 我がままばかりじゃ駄目でしょ
007 本書の活用の仕方
227 沢登り初心者Q&A

01 道央道南の沢

難易度付き

012 黒松内岳740m
014 黒松内川ぶな滝沢285左俣ルート★☆
017 黒松内川ぶな滝沢285右俣ルート★☆
020 黒松内川重滝沢320右俣ルート★☆
023 黒松内川重滝沢320左俣ルート★☆

026 ニセコ五色温泉740m
028 ニセコアンベツ川ルート★☆

031 洞爺湖ソウベツ川350m
033 ソウベツ川ルート★

036 メップ岳1147m
038 利別目名川ルート★★

041 カスベ岳1049m
044 真駒内川イワナの沢ルート★

046 砂蘭部岳984m
048 野田追川中二股川東面沢ルート★★

051 狩場山1520m
053 千走川南東面沢ルート★☆

056 遊楽部岳1277m
058 太櫓川北北東面沢ルート★☆
062 見市川白水沢川ルート★☆

065 大平山1191m
067 泊川ガロ沢川ルート★

三点確保
三点確保

ヘルメットをかぶるだけでわきあがるモノがある。

02 日高の沢

072 妙敷山1731m
074 ニタナイ川890左俣ルート★☆

077 伏美岳1792m
079 戸蔦別川六ノ沢左俣ルート★☆
082 ニタナイ川北面沢ルート★☆

085 トムラウシ山1477m
087 美生川北東面沢ルート★

090 十勝岳1457m
092 楽古川B沢ルート★☆

095 オムシャヌプリ本峰1379m東峰1363m
098 野塚川北東面沢ルート★☆
101 野塚川東面沢ルート★★

104 野塚岳1353m
106 豊似川ポン三の沢川ルート★
110 野塚川南コルルート★

113 ピパイロ岳1917m
116 戸蔦別川782右俣ルート★

119 ピラトコミ山1588m
121 コイカクシュサツナイ川東面沢ルート★★☆

124 春別岳1492m
126 パンケヌーシ川北面沢ルート★☆

129 神威岳1756m
132 戸蔦別川八ノ沢ルート★★

135 トヨニ岳北峰1529m
138 豊似川右俣ルート★★☆

141 二岐岳1591m
143 千呂露川二岐沢一ノ沢ルート★
146 額平川ピラチシュウスナイ沢ルート★

150 チロロ岳本峰1880m西峰1848m
152 千呂露川三俣右俣ルート★
156 パンケヌーシ川二ノ沢西面沢ルート★

158 1082m峰
160 額平川ペンケユックルベシュペ沢ルート★

沢へ行けば悩みは消える。水と空気は百薬の長だ。

源頭の一滴に愛しさ感じる沢屋になりたい。

03 大雪山・十勝連峰の沢

164 富良野岳1912m
166 三峰山沢ルート★☆
169 トムラウシ山2141m
172 トムラウシ川ワセダ沢ルート★
175 小化雲岳1924m
177 ポンクワウンナイ川ルート★★
184 黒岳1984m
186 白水川ルート★
189 屏風岳1792m
191 ニセイチャロマップ第一川から屏風岳ルート★☆

04 道東の沢

196 羅臼湖735m
198 知西別川ルート★☆
201 ルシャ山848m
204 ショウジ川ルート★☆
207 東岳1520m
210 ケンネベツ川ルート★☆
213 知円別岳1544m
216 モセカルベツ川ルート★★☆
222 クテクンベツ岳995m
224 クテクンベツ川ルート★

148 避けて通れないうんこの話
149 gan! 眼! ガーン!　鍛錬の巻
221 gan! 眼! ガーン!　悪夢の巻
236 右俣か左俣か、人生の分岐点にて
238 既刊紹介ルートの沢レベル一覧
240 協力者一覧

見る前に飛べ！　動き出せば人生は変わる。

本書の活用の仕方

本書は沢登りのためのルート案内が目的であるが、
書店に多くある夏道登山のガイド本とは明確に区別して活用することが肝要だ。
どんな簡単なルートでも初心者だけでの遡行は前提にしていない。
経験者との同行が必須条件となる。
沢登りの面白さは一度やったら多くの人が病みつきになる。
それだけ変化に富んだ、予想外のことに遭遇する機会が多い。
その分事故や怪我に遭う確率は夏道登山の比ではない。
安全の確保はそれぞれのパーティーに課せられた義務であり、本書が保証するものではない。
経験者でもなるべくなら単独での遡行は避けるのが賢明だ。
以下項目別に本書活用に当たっての留意点をあげるが、
既刊の「ganさんが遡行　北海道の沢登り」
「ganさんが遡行　北海道沢登り三昧」も参考にして読んで頂ければ幸いだ。

■ ルート

沢登りルートに正解、不正解というものはない。夏道などないわけだから遡行者の意図して歩いたところがルートであり、本に載せているのはあくまで筆者が使ったルートに過ぎない。例えば登攀が得意な人ならば直登するかもしれない大滝を高巻くこともあれば、山頂が近づくに連れて読図できない小さい分岐などは勘に頼ることも頻繁にある。結果それが楽なルートであったかどうかも不明だ。
一つの山でも様々なルートを載せている。沢登りの魅力は頂に至るまでの過程の面白さであるから、それを追求するのもまた一興であり、筆者はこれにこだわっている。勿論本書を参考にしながら読者が独自のルートで行くのは全く自由であり、それはそれで沢の醍醐味である。危険回避を含めて自己責任の元での遡行となる。

■ タイム

歩き出しから山頂までの時間で、復路は含まれていない。筆者の経験を加味して休憩を適時入れたものだが、体力や技術、単独かパーティーか、雪渓の有無などの自然条件によっても違ってくる。あくまで目安程度にする。特に難易度が★★以上の長い沢では 1、2 時間は普通に前後するので、時間の余裕をみてほしい。一般的に復路は登りの時間から 1 時間程度引けばよいが、懸垂下降など頻繁にあるルートは往復とも同時間がかかる。

■ 地図

国土地理院の 2 万 5 千図で遡行に必要な最低限のものを明記した。前もって分岐に標高や合流する沢の水線を入れておくと現在地の特定に便利だし、沢の選択に迷うことが少ない。遡行の際は地図を拡大コピーしておくと小さい分岐も分かって楽だ。
オレンジ色、水色、緑色、ピンク色は遡行ルート、紫色点線は参考ルート、灰色点線は夏道ルートを表す。

■ レベル

四つの項目で★印を使いレベルをつけている。筆者の主観が入ったもので、絶対的なものではない。★が初級（普通）、★★を中級（ちょっと大変）、★★★を上級（相当大変）としている。それに☆を足して中間的なレベルを示す。
タイム同様、人数、経験の多寡、体力、雪渓の有無、融雪水や降雨による増水などでもレベルは当然変わる。経験上北向きの沢や南向きでも谷間の深い沢ならば８月であっても雪渓が残っていることが多く、それに助けられる場合もあれば、処理に手間取ることもある。体力、技術など自らのレベルを冷静に分析した上で余裕を持った遡行計画が必要だ。夏道登山の数倍はリーダーにかかる役割と責任は重い。

■ 難易度

遡行技術的な意味での難易度を入れたので他の項目のレベルとは連動していない。本書にはハーケンを打ちながら登るような上級ルートは載せていない。先行者は原則ザイルを使わず登り、無理なら高巻くのを前提にしている。パーティーの登攀レベルによって難易度は変わってくる。★の代表的なルートでは漁岳への漁川本流や蝦蟇沢からの札幌岳ルート、★☆なら野塚岳南面直登沢、楽古岳メナシュンベツ川、★★ならトムラウシ山へのトムラウシ西沢、小化雲岳へのポンクワウンナイ川などとなる。★であっても滝の直登や岩の登攀、簡単なヘツリがあり、下りでは懸垂下降も当然ある。小川を散策するようなイメージにはほど遠い。★☆以上はベテランの同行が必須だし、★★以上は微妙な登りやトラバース、ヘツリ、険しい高巻きなどまさにベテラン向きだ。

■ 面白さ

100%筆者の主観が入る。沢登りの魅力を語れば紙面はいくらあっても足りない。それは同時に沢の持つ奥深さそのものだ。滝の登攀やヘツリ、瀞や釜など変化のある沢、絨毯を敷き詰めたような濃厚な緑色の苔むした岩床の癒し系の沢、一枚岩盤が滑り台のように続くナメ、読図や藪漕ぎの困難さ、それら全てを網羅しての判断だ。ついでに言えば遡行する時季も大きな要素となる。筆者の好みで言えば、夏の沢もいいがお勧めは断然秋から晩秋にかけての遡行だ。多少の寒ささえ我慢すれば誰でも一度で虜になる紅葉混じりの渓流美を味わえるだろう。

■ 体力

大よそ登り４時間前後なら★、５時間以上なら★★、丸一日の日帰りや一泊以上で重装備なら★★★となる。また下降に沢か夏道を使うかでも変わってくる。時間的には★でも藪漕ぎが大変なら★☆以上になる。

■ 藪漕ぎ

最後の詰めで藪漕ぎの全くない沢は珍しい。笹か潅木か、這い松、草藪かでも違うし、その距離と密度の濃淡でもレベルは変わる。一般的に詰めでの 30 分程度の藪漕ぎは★となる。★★は１時間前後、★★★は相当ハードで、体力に自信がある人向けだ。

■ アクセス

札幌を起点に一般道を使った車での行き方と大よその時間を示した。ルートや高速道路の使用などで時間は変わる。特に林道は決壊や崩落、倒木などで毎年状況が変化する。本書と実態が違っていることがままあるので事前に地元市町村や森林管理署へ問い合わせをして最新情報を入手してほしい。

■ 温泉

原則入渓地点から近い温泉を入れた。

■ 本編

なるべく客観的な記述を心がけたが、前述したように難易度を含めて筆者の体験が元になっている。読者が遡行した経験と照らし合わせて、筆者との温度差を計り、以降の遡行に生かしてほしい。

遡行する時季や、台風の後などでは沢や藪の状態も大きく変わることがある。夏ならうっとうしい草薮も晩秋なら楽なものだ。秋なら大高巻きするところも、初夏に厚い雪渓があれば楽に越えられる。単なる数字は標高を表す。1000 分岐、890 とあれば、標高 1000m 分岐、標高 890m となる。

特に留意してほしいのは本文中での標高の殆どが気圧高度計で測ったもので、経験上 10 ～ 30m は普通に、気圧の変化が激しいときには 50m くらいの誤差がある。地図と見比べながら、誤差がある前提で本書を活用してほしい。

尚中級レベル以上の遡行者にとって本書を読んでの遡行はかえって面白さが半減するかもしれない。そういう方は地図とルートだけ参考にしてほしい。

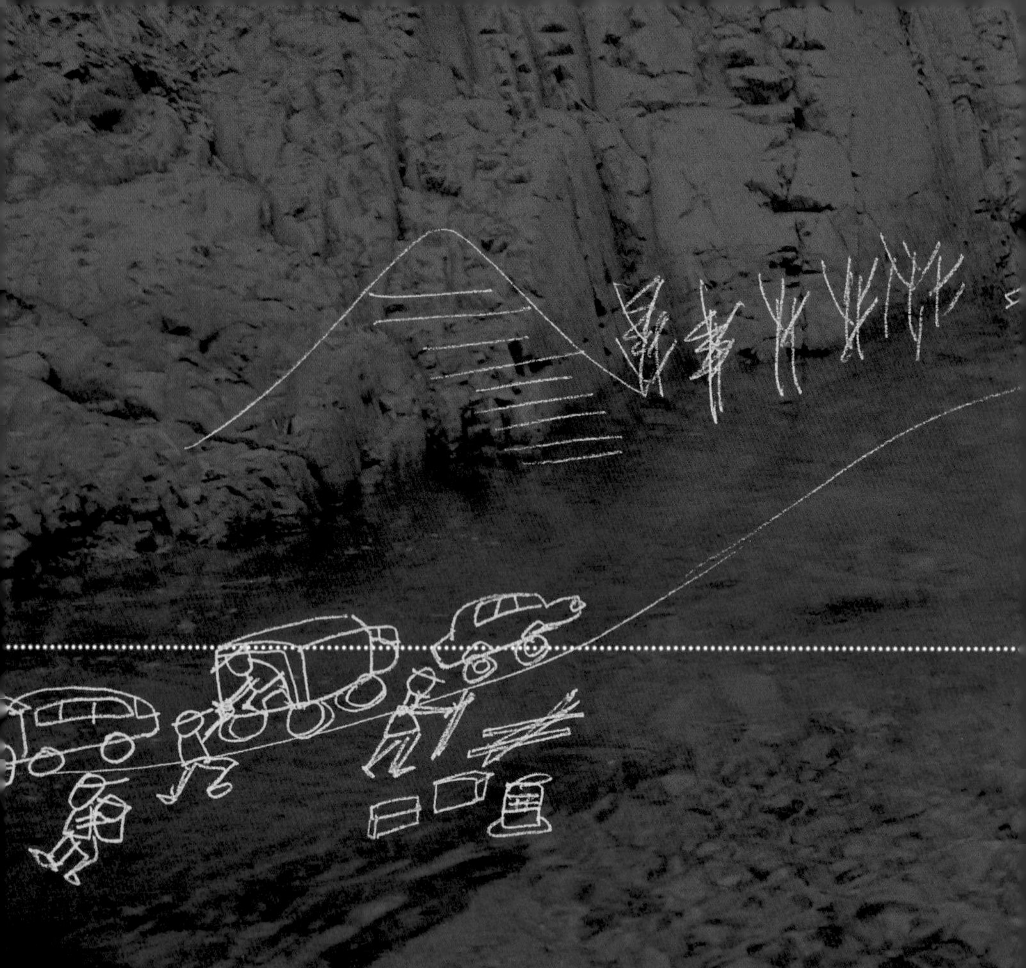

札幌以外の大都市に住んだのは東京くらいなものだから偉そうなことは言えない。
しかし大都市の近郊でこれだけの自然豊かな地域が他府県にはあるのだろうか。
札幌中心部から１時間も車で走れば大概のアウトドアスポーツは体験できる。
川釣り、海釣り、海水浴にゴルフ、山菜採りに野鳥観察、
スキー場は数箇所もあるし、夏山登山コースは数えきれない。
その極めつけが沢登りだろうか。
札幌近郊だけでも漁川、発寒川、蝦蟇沢、白水川、漁入沢、星置川、
湯の沢川と片手では足りない。中山峠を越えてしまえばその対象はさらに広がる。
早朝に発てばニセコや黒松内周辺までは十分日帰り圏となる。
狩場山塊や遊楽部岳周辺まで足を延ばすと上級者でも満足できる沢がそこかしこだ。
これに積丹半島や渡島半島まで加わると
道南道央だけでさえ後10年かかっても登り尽くせるわけがない。
終わりのない世界に足を踏み入れてしまったと後悔してももう遅い。

01
道央道南の沢

小樽
5
ニセコ五色温泉
ニセコ
230
洞爺湖
苫小牧
36
室蘭
37
狩場山
大平山
カスベ岳
黒松内岳
メップ岳
遊楽部岳
砂蘭部岳
5
函館
HOKKAIDO

黒松内川ぶな滝沢285分岐手前の倒木のある5mの滝

KUROMATSUNAI DAKE

黒松内岳 740m

800mにも満たないこの山の人気の秘密はなんだろう。
北限地であるぶなの原生林の夏道は２時間もあれば山頂に立てる手軽さだ。
黒松内川からはぶな滝沢からと重滝沢からの２本があるが、
どちらも途中に分岐を持ち、バリエーションは４ルートある。
沢登りの対象としては意外に知られていない。
距離こそ短いがどれも当たり外れがないほど面白く、沢屋には宝の沢だ。
特にぶな滝沢からは中級者でも十分な満足感を得られるだろう。
早足の人なら半日あれば遊べる沢だ。
11月上旬まで寒ささえ我慢すれば遡行できるのも有難い。

012

黒松内川ぶな滝沢285左俣ルート
黒松内川ぶな滝沢285右俣ルート
黒松内川重滝沢320右俣ルート
黒松内川重滝沢320左俣ルート
夏道ルート
571
4ルート共、遡行価値は十分ある
黒松内岳
殆んど薮漕ぎなし
黒松内岳
740m
ポコ
750m
薮漕ぎ30分
薮漕ぎ40分
10mの垂直に近い滝
夏道ルート
528
600
2〜5mの小滝の連続
小滝小釜が微妙に面白い
スラブ状の岩盤
350
285分岐
15mの滝は右から巻く
489
320分岐
廊下のようなナメ
430分岐
10m滝
滝上の渓相は趣きにあふれる
重滝
265
5mのぶな滝は簡単に越せる
黒松内川
30m重滝は上級者以外は右岸を巻く
371
399
N
0
500
1000m
国土地理院2万5千図の170%

■ルート：黒松内川ぶな滝沢190出合い～285左俣～山頂　■タイム：3時間半前後
■地図：大平山　■レベル：難易度★☆ 面白さ★★ 体力★ 藪漕ぎ☆

●アクセス／黒松内町中心部から国道を4kmほど長万部寄りにきた右側に黒松内岳登山口の看板が出ている。そこから右の林道を5.5km進むと夏道登山口と駐車場がある。普通乗用車でも慎重に運転すれば問題はない。
●温泉／黒松内温泉ぶなの森が町の南東外れにある。11時～21時30分・500円・水曜定休だが季節制　TEL.0136-72-4566

滝やヘツリの連続にオシッコちびるわ

黒松内川ぶな滝沢285左俣ルート

山頂へ至る4ルートの中では一番エキサイティングで面白い沢だ。沢自体の水量は少なく、小川のような感覚に近い。登山口の直ぐ先でぶな滝沢出合いとなる。沢床から直ぐの小滝がぶな滝だが、名前をつけるにはちょっと大袈裟な感じだ。

5分歩いた先で5mのくの字の滝に出合うが、風情のある渓相美にうっとりすることだろう。簡単に越えた先から小さいナメ、小滝、小釜が連続するが、初心者にはほどよい準備運動だ。砂利をコンクリートで固めたような岩盤も出てくる。滝上に倒木を持った5mの滝は一見難しそうに見えるが、ここは左寄りから直登可能だ。初心者にはお助け紐を出す場面だ。

285分岐までは3～40分で着く。

(上) 登山口には数台駐車可能だ
(下) ペロンとした滝が微妙だ

2～5mクラスの滝が次々と

入渓後直ぐの「くの字の滝」

左へ進むと直ぐに15mの沢最大の滝がある。7月頃ならまだ雪渓があるから見極めが必要だ。ここは右手前の急壁を高巻く。木がしっかりあるから心配は要らない。滝上からは2～5mクラスの連続する小滝と小釜に興奮が止まらない。どれも決定的な難しさはないが、ちょっと緊張感のある遡行が続く。30mのナメや細い流路を両足で突っ張って突破したりで、沢の醍醐味を十分堪能できる。

440分岐は水量が等しいが、右を取る。540で10mの垂直に近い滝だ。上級者なら直登も可能だが、それ以外は右から高巻いた方が無難だ。上からザイルを出してもらって登ってもいいだろう。直ぐ5mの滝で核心部はほぼ終了だ。570、590分岐は右を取り、660付近で源頭となる。沢形を行くと5mの岩壁に当たる。沢形は左へ向かうが、岩壁の上にも沢形は続くのでそちらを進む。最後に岩盤の露出した斜面を適当に詰めると低い笹を漕いで山頂の西隣の稜線に出る。踏み跡をたどれば3分ほどで山頂だ。かわいらしい山名板が迎えてくれる。

下りは夏道を使えば1時間半もかからない。時間と体力に余裕があるなら下りで285右俣を下るのが面白い。3、4回の懸垂は必至だが、贅沢な周回ルートになるだろう。

ganさんの眼《ガン》

550付近までの面白さに一度でも味をしめると毎年でも遡行したくなるルートだ、特に晩秋の遡行は左右の草もうるさくなく、枯れ葉舞う渓流美は中毒になるほどの魅力に富む。

山頂はすっきりしている

■ルート：黒松内川ぶな滝沢190出合い～285右俣～620夏道～山頂　■タイム：3時間前後
■地図：大平山　■レベル：難易度★☆ 面白さ★★ 体力★ 藪漕ぎ☆
●アクセス・温泉／ぶな滝沢285左俣ルート（p.014）を参照。

小滝小釜の直登に沢屋の血が騒ぐ

黒松内川 ぶな滝沢285右俣ルート

初心者には気を抜けない登りだ

285までは左俣ルートを参照。ここからの右俣ルートは滝の数こそ左俣に劣るが、面白さにおいては決して遜色はない。小さい滝や釜が多いが、ちょっと微妙なヘツリやペロンとした岩盤には気分が高揚した遡行が楽しめる。右俣に入って5分で10mの滝だ。これをどう越えるかが最初の難題だが、安全を取るなら左から大きく高巻くことになる。経験者なら右寄りに直登は可

面白さ100%の登りだ

能だ。中間部からの一手一足がちょっと際どいが、そこを越せば滝口の木を使える。

その先から6個の小釜が続く様は日高のヌビナイ川七つ釜のミニチュア版のようだ。6番目の釜は深くて一段と神秘的に見える。僅か1mの滝の手前の釜はヘツリができず、釜に腰まで浸かって越える。5mクラスの滝が次々と出てきて、都度じっくりと眺めては攻略法を考える時間が楽しい。どれも楽には登らせてくれない。茶色の岩盤を持った5mの滝は四角い板のようで歯が立たないから左右を好みで巻く。

410で左右の岸が狭く、S字状に曲がりくねったゴルジュのような流れが20m続く。420の3mの小滝でほぼ沢の核心部は終わる。その後は水量の多い沢を選んで遡行するだけだが、途中で沢をせき止めるような石が挟まっている箇所もあり、注意が必要だ。

水量の等しい535分岐は右を取り、585で源頭を迎える。そこから真北に向けて藪を5分漕ぐと620で夏道にポンと飛び出る。山頂まではゆっくり歩いても15分ほどだ。

ganさんの眼《ガン》

中級者でも十分な満足感を得られる沢だ。
6月だと上流部は雪渓で埋まっている。

(上) 10m滝はザイルを出して
確保する
(下) ナメた感じの沢床が続く
(左) 小滝だが手がかりがない

■**ルート**：黒松内川重滝沢250出合い～320右俣～山頂　■**タイム**：3時間半前後
■**地図**：大平山　■**レベル**：難易度★☆ 面白さ★☆ 体力★ 藪漕ぎ★

●**アクセス**／ぶな滝沢285左俣ルート(p.014)を参照。登山口から林道を10分歩いて重滝沢出合いだ。車でも行けるが下山ルートで夏道を使うなら登山口に駐車した方が良い。
●**温泉**／ぶな滝沢285左俣ルート(p.014)を参照。

出合いの重滝には心臓ドッキリ

黒松内川
重滝沢《しげたきざわ》320右俣ルート

林道から出合ういきなり30m近い滝のある沢が重滝沢だ。ペロンとした滝は上級者なら右寄りを登ることができるが、ここを確保なしで登るのはお勧めしない。高巻くのなら右岸だ。大変そうに見えるが意外と易しい。10分もあれば滝上に出る。そこからの沢の雰囲気が何ともいい。苔むした一枚岩盤の渓流美はぶな滝沢にはない。5mの滝の先で10mの滝だ。左上から右下にバンドが走るから、直登できる。濡れるのが嫌なら右のザレから高巻くが、疎林で急だから落石にも注意したい。

トラバースして滝上に出る。そこから先は小滝、小釜、ナメのオンパレードだ。黄土色した岩盤が続き、その優雅な流れにはうっとりするだろう。200mものナメと脇の苔の美しさには癒される。

320分岐までは小一時間ほどだ。分岐は左4m右2mの滝となり、ここは右を取る。340で5mの滝は滑り台のようで手がかりはない。左右の笹と手足の突っ張りで突破すると、10m

斜めにバンドが走る滝

重滝上からは癒し系の沢だ

小さいがナメの廊下だ

重滝の直登は上級者向きだ

急なナメに気を抜けない

の滝が待つ。2本の倒木を利用して上がるが若干シャワーを浴びる。次の5mは最後左の木を使わせてもらおう。ここからしばらくは左右から草が被さり、少しうっとうしい歩きだ。目線を上げれば山頂西のポコが見える。

435分岐は左を取ると、スラブ状の岩盤が続く。475分岐を右に進むと510分岐は左に僅かな流れがあるので左を取る。535で涸れ分岐になる。右を行くと急な崖沢となり、2mの岩が出てきて左から巻く。振り返れば噴火湾を挟んで駒ケ岳、手前には長万部岳が鎮座しているのが見える。670で遂に沢形は終わり、ここから西のポコを経由して山頂までは30分余りの藪漕ぎだ。初心者にはちょっと辛い笹が待っている。

ぶな林の夏道を下る

ganさんの眼《ガン》

重滝の越え方次第で難易度は大幅に変わる。癒し系の沢に一度は足を踏み入れたい。

■ルート：黒松内川重滝沢250出合い〜320左俣〜山頂　■タイム：4時間前後
■地図：大平山　■レベル：難易度★☆ 面白さ★☆ 体力★ 藪漕ぎ★

●アクセス／重滝沢320右俣ルート（p.020）を参照。
●温泉／ぶな滝沢285左俣ルート（p.014）を参照。

この程度の藪漕ぎは序の口ですよ

黒松内川
重滝沢《しげたきざわ》320左俣ルート

320分岐までは右俣ルートを参照。分岐の左俣には倒木が寄りかかる。滝上からは廊下のようなナメが続き、濃い緑色の苔の絨毯が清流の中に彩を添える。330で四角い4mの滝だ。読図では想像できないほど両岸が迫り、沢は細くなる。

小函を過ぎると釜を持ったゴルジュのような滝があり、その見事な自然美には興奮を覚える。一見すると難しそうだが、左岸からヘツって越える。階段状の5mの滝の先には緩い傾斜の5mの滝もある。ウドが有り余るほど生えているが、この沢に入渓する人は余りいないのだろう。人跡はほとんどない。ナメが続いて、2mの滝を挟んでまたナメだ。

手足をフルに使って越える

階段状の5mの滝は易しい

ナメが2、300m続く景観は見事だ

黒光りする岩盤は滑り易い

355で10mの滝は途中からゴルジュのように細くなる。更にナメが2、300mも続くと沢は左に90度曲がる。5mの滝を越えた430で左右に2mの滝を持つ分岐だ。水量が僅かに多い右を進み440で5mの滝は右から上がる。正面には山頂から西に派生する稜線が見えている。480分岐は右を、次の495分岐、開けているのは右だが左を行く。笹が被さってくるがうっとうしいほどではない。

580で源頭となり625涸れ分岐を右に進む。藪漕ぎにしては楽な急斜面を登ると稜線手前から笹がきつくなる。750のポコを過ぎるまでは我慢の歩きだ。ほどなく踏み跡が出てくれば山頂までは数分で着く。

(上) 難しくはないが慎重に登る
(下) 山頂まで40分の藪漕ぎだ

ganさんの眼《ガン》

技術的には4ルートの中で最も易しいが、山頂までの距離が長いのと藪漕ぎがある分、時間は一番かかる。

第一の滝は右岸から巻く

G O S H I K I O N S E N

ニセコ五色温泉740m

ニセコアンベツ川と聞いてピンとくる人は相当な沢オタクだ。
地図を見ればなるほどと頷《うなず》けるような狭い谷間がある。
頂に至る沢ではないからピークハンターの人には向かない。
ゴールが五色温泉というロケーションもユニークで、
沢自体の面白さも一度遡行すると十分納得するだろう。

026

ニセコ五色温泉 740m

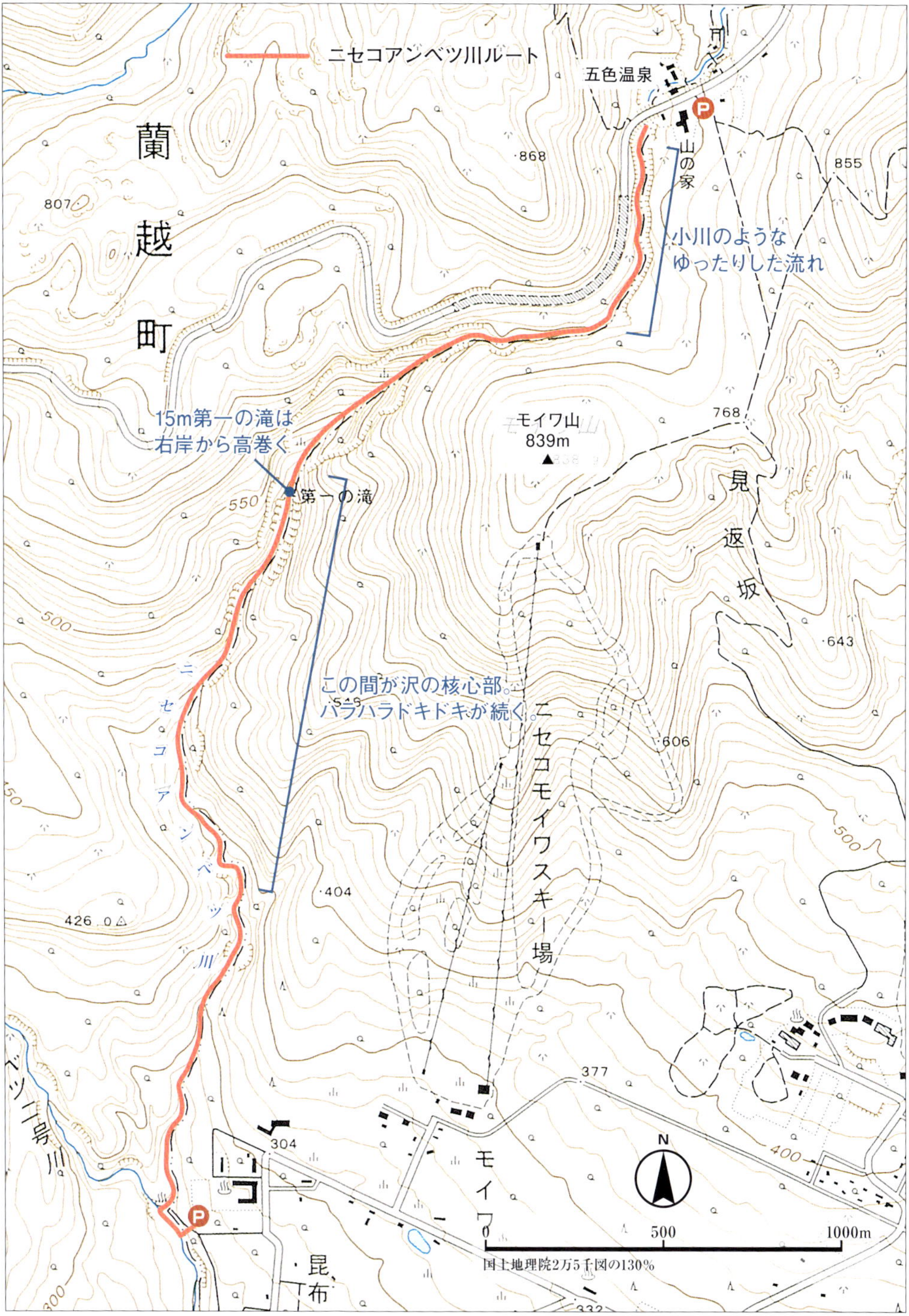

■**ルート**：ニセコアンベツ川280入渓～740ニセコ五色温泉　■**タイム**：5～6時間
■**地図**：ニセコアンヌプリ　■**レベル**：難易度★☆ 面白さ★★ 体力★ 藪漕ぎ無し

●**アクセス**／札幌から車で2時間半余り。ニセコ昆布温泉街のニセコグランドホテルの向かい、さかもと公園甘露泉の脇の道から山側に入る。ホテル甘露の森手前のカーブから左へ入って100mほどでニセコアンベツ川になる。数台の駐車が可能だ。下山に備えて五色温泉にも配車する必要がある。
●**温泉**／五色温泉に五色温泉旅館　8時～21時・600円　TEL.0136-58-2707、山の家10時～21時・500円　TEL.0136-58-2611と2軒ある。どちらも硫黄臭の泉質には十分な満足感がある。

温泉から温泉へ、こりゃ極楽だあ

ニセコアンベツ川ルート

一言で言えば侮れない沢だ。獲得標高は500mもないのに所用時間もそれなりにかかるのには、しっかりとその裏づけがある。

入渓後暫くは平凡な歩きだ。30分ほどで長さ5m高さ3mのゴルジュ風の滝がある。両岸が狭まったところで小滝の前が釜になり、ヘツリはできない。ここは左寄りを胸まで浸かって越えるが、濡れるのが嫌なら手前右岸から木々を使って無理やり高巻くこともできる。その後小釜、小滝が連続するが、三つの滝と釜が連続するところが実質最初の核心部だ。更に二段になった15mの滝が出てくるが、フリーで登るには厳しい。手前右から高巻く。その後も滝と釜は続く。僅か1mの滝だが手前の釜はヘツれない。取り付きも微妙だから腰まで濡れて先行者の足を手でフォローするか、左から高巻く。

先の倒木の掛かる5mの滝は木がヌ

二段の滝は
右から高巻く

ヌルヌルの倒木は頼りにならない。後続者の肩を使って越える

ルヌルで苦戦は免れない。ここも先行者の足を下から手でフォローして突破する。480で高さ20mの滝が左から落ち込むと、500で左岸の縦横5、60mの大岩壁の迫力には圧倒される。

その先にあるのが地図にある15mの第一の滝だ。ほぼ垂直な滝の落ち口は僅か50cmの幅で、下でがっしりとした幅広の白布のように流れ落ちる。周囲はどんづまりとなり、険しい崖に囲まれて人を寄せ付けない雰囲気には精神力を試されているようだ。ここは手前30mの右岸から高巻く。斜め後方へ上がる小さい沢状を少し上がると、直ぐ上に木が見える。しかしここは真っ直ぐ木へ向かって行くと往生する。左から回り込むように上がると楽だ。

更に10m近く上がってトラバース気味に滝の先まで行くが、急だから

ちょっと緊張する登りだ

しっかり笹や木につかまろう。

大事なのは沢への下降地点の見極めだ。滝を過ぎた辺りで沢床へ向かって伸びる笹の小尾根があるので、それを利用すると正に滝の落ち口の直ぐ上に出る。落ち口には決して下りないように十分注意する。

ここで核心部はほぼ終わり、後は易しい沢を詰めるだけだ。目線の先に見える小山の裾には崖が見え、その上には五色温泉への道路が走っている。それを右に回り込むように沢は向かう。

700付近から緑がかった岩盤なのは温泉が流れ込んでいるのが影響しているのかもしれない。傾斜のない小川のような流れになるとゴールは近い。右岸の上にコンクリートの道路が見えるとそろそろ橋だ。手前から道路に上がってもいいし、道路下の四角い流路を抜けると五色温泉旅館の裏に着く。

ゴールの五色温泉は近い
正面はイワオヌプリだ

ganさんの眼《ガン》

素晴らしい沢なのに残念なのは上流部で茶碗のかけらなどのゴミが目に付く。遡行者には少しでもいいから拾うことをお願いしたい。尚この沢の水は飲まない方がよい。

修業の滝で人生を振り返るのも悪くはない

T O U Y A K O

洞爺湖ソウベツ川350m

穏やかな湖面をたたえる洞爺湖のすぐ側に
こんな沢があることにまずは驚きを隠せない。
頂までたどり着く沢ではない。獲得標高は僅か100m強に過ぎない。
迫力ある大滝の飛沫を浴びながら大高巻きするところがハイライトだ。
半日あればゆっくりと沢登りだけを純粋に楽しめる。
初心者には特にお勧めしたいルートだ。一度で沢の虜になるだろう。

031

洞爺湖ソウベツ川 350m

■**ルート**：ソウベツ川235入渓～350大滝　■**タイム**：2～3時間
■**地図**：仲洞爺　■**レベル**：難易度★ 面白さ★★ 体力★ 藪漕ぎ無し

●**アクセス**／中山峠越えで札幌から車で2時間半。旧洞爺村中心部から洞爺湖温泉街とは反対方向に1kmちょっと行くと右手に徳浄寺がある。その前の交差点を左に入って5kmで左に魚留ノ滝の看板だ。駐車場のスペースは十分ある。車が複数ならそこから1.4km先の分岐から左上に入る林道入り口に配車すると帰りが楽だ。
●**温泉**／旧洞爺村の浮見堂公園前から入った高台にいこいの家がある。浴場からは湖畔を一望できる。10時～21時・420円・第1・3月曜定休　TEL.0142-82-5177

わかさいもだけかあ？ 洞爺湖の新名物

ソウベツ川ルート

　ソウベツとはアイヌ語で「滝の川」の意味だ。知る人ぞ知る隠れた名渓と言える。沢登りというよりも沢歩きに近いが、遡行後の満足感は十分過ぎる。魚留ノ滝駐車場の前を流れるのが小川に近い早月川だ。そこを渡って道なりに山道を行く。直ぐに稜線を越えて下るとソウベツ川と10mの魚留ノ

左下に魚留ノ滝を見ながら
トラバースして滝上に出る

滝が見える。滝下まで行けるが、途中から右の踏み跡を行くと滝上に出る。一部崩れかけているので注意が必要だ。

沢自体の水量は多くはない。高い両岸に囲まれた谷間は魅力タップリで、この先何が待っているのか想像をかき立てる。黒っぽい石は滑り易い。ほどなく深い釜を持った5mの滝が出てくる辺りから渓流美の始まりだ。右岸のテラスを使って上がるとその先260で分岐になる。この一帯は一枚岩盤となっている。本流は右で左は通称牧場の沢だ。時間に余裕があるなら是非左俣へ立ち寄りしたい。左に入って直ぐに5mの滝で、左の倒木を使う。3mの滝は階段状で簡単だ。290で分岐だが水量の多い右は30mの切り立った崖となり、何やら背筋に悪寒が走る。305にある15mの「修行の滝」には修行増が滝に打たれていそうな雰囲気が充満している。

290の左俣も少ない水量ながら小滝が続く。50mもの一気の登りで最後20mは直登も可能だが、落石が怖い。右の木を使って上がった方がよい。登り切った上の30mものナメがある辺りから笹が被さるので戻るのがいいだろう。

260からの右俣は直ぐに小滝を挟んで釜が二つある。二つ目の釜のへツリが初心者にはちょっと微妙だ。直径

(左) 初心者にはシュリンゲを出す　(右) 味のある渓相が現れ出す

釜が続くところは
慎重を期す

30m大滝がゴールだ

5mの釜は左側から膝まで濡らして行くと、さらに3個の釜が続く。最後の釜は左岸のバンドを慎重にヘツルが落ちたら全身びしょ濡れだ。増水のときなら右岸を高巻くことになるが、一部ザイルが必要になる。

その後も茶色の岩盤が帯や一枚岩となって遡行者の目を楽しませてくれる。沢が左に向きを変える辺りで5mの2段の滝だ。下で紺色の渦巻く釜を持ち、太い倒木がかかるが、これを使う気にはなれない。切り立った崖が左右に迫り、心臓の破裂しそうな鼓動が聞こえる。いきなり25mの大滝がその先に見えたら誰もが驚嘆するだろう。滝は爆風を起こし、日差しによっては虹がかかり、周囲にしぶきが霧となって舞い踊る。周囲の崖は3、40mの高さだ。手前左の小尾根を使って大きく高巻く。40mほど上がってからかすかな踏み跡をたどって滝上に降りる。疎林だから慎重さが必要で初心者がいる場合はザイルを出すこともある。

その先50mで更に大きい30m近い滝が怒涛の如く落ち込む様は壮観だ。滝を見ながら休憩するのによいところだ。通常遡行はここまでとなる。滝の手前30mの左岸に設置ザイルがあるので、それを使って10分上がると林道に出る。更に右に10分ほど行くとコルのようなところに出る。左に折れて10分も下ると魚留ノ滝からの道に出合う。

ganさんの眼《ガン》

歩くだけなら2時間もあれば終わる。
ゆっくりと探検気分で楽しみたい沢だ。
初心者入門として最適な沢と言える。

狩場山から見たメップ岳（左奥）、右はカスベ岳

メップ岳 1147m

狩場山の南東に位置するこの山を知る人は少ない。
夏道はない。
残雪季に登るか沢からしか手段はないが、その沢はなかなか手強い。
羆の生息域でもある一帯は遡行時の雄叫びも欠かせない。
体力、技術、経験が揃って要求される沢で、中級者向けだ。
山頂を踏んだ充実感は比類ないものだろう。

036

利別目名川ルート
カスベ岳
△1049.2
見通しの悪い
薮漕ぎ1時間
目名一の沢ルート
下りで使っても面白い
メップ岳
1147m
お花畑
懸垂下降が4回ある
30分の薮漕ぎを我慢
変化のある
登りを満喫
できる
860分岐
730分岐
2段30m滝
10m滝
一枚岩盤が
美しい
320分岐
水量同じ
430分岐
目名一の沢
カスベ沢
冷水の沢
鉱山の沢
利別目名川
N
0
500
1000m
国土地理院2万5千図の89%

■**ルート**：林道ゲート～利別目名川320分岐右俣～山頂　■**タイム**：5時間前後
■**地図**：メップ岳・カスベ岳
■**レベル**：難易度★★　面白さ★★☆　体力★★☆　藪漕ぎ★★

●**アクセス**／長万部町国縫から国道230号線を行き、今金町から数キロ先で利別目名川にかかる目名橋を渡る。右に「小倉山方面7.2km」の看板があるところを右折し、次の十字路を右に曲がる。後は道なりに国道から9kmで林道ゲートになる。
●**温泉**／今金町から5km長万部よりの種川地区に種川温泉がある。10時～21時・420円・木曜定休　TEL.0137-82-0388

ヘトヘトでたどり着く山頂は尊い

利別目名川《としべつめながわ》ルート

林道ゲートから20分歩いて白い名水橋を渡る。橋には冷水の沢と書いてあるが、これはカスベ沢が正しい。ここまでは整備された林道だが、ここから先は手入れをしていない。いかにも羆が徘徊していそうな雰囲気の中を更に10分歩いて320分岐だ。地味な分岐だからしっかり観察しよう。左は目名一の沢で右が山頂への直登沢だ。右へ進むとしばらくは平坦な流れだが、土色の岩盤のナメが200mも続く。

355で幅1mの4m滝は下で群青色の釜を持つ。415付近から先を見ると急角度で高度を稼ぎ、白い沢筋が安易な遡行者を拒んでいるようだ。水

まだ新しい羆の糞だ

幅1mの滝は魅力にあふれる

この程度の滝が次々だ

量の等しい430分岐を左に取るといよいよ核心部の始まりだ。465の滝10mを左寄りに上がると480で沢最大の難所二段30m滝だ。一段目の10mは左から高巻き、二段目20mは5mまでが滑り易く苦労するが、その上は高度感があるもののそれほど難しくはない。

575で左から沢が入った先で6m滝が出るが容易に登れる。645の10m滝はチムニー状でシャワーを浴びる。最後の抜け口でちょっとてこずるだろう。直ぐに4m滝を越え、更に5m滝はまたシャワークライミングだ。その後も小滝の連続は息抜きの時間を与えない。のっぺりした岩盤も底の磨り減った沢靴には辛い。

分岐の730は右に行き、860も右

(左) ミヤマキンポウゲ
(右) タチカメバソウ

039

雪渓の通過は慎重にしよう

ナメのような岩盤も出てくる

を取る。後ろを振り返れば余りの急峻な登りに身震いを覚えるだろう。核心部は終わりを告げて900過ぎで源頭となる。両岸に苔の生えた一枚岩盤の涸れ沢が興趣をそそる。930涸れ分岐は左を選び、沢形を詰めると初夏なら一面お花畑の斜面に着く。1095で藪突入だ。

30分我慢をすると低い笹の間に三角点を見つけられる。山名板もピンクテープすらない山頂からは木もうるさくなく眺望はきく。西隣にあるのはカスベ岳だ。

三角点は見つけにくい

ganさんの眼《ガン》

下りは西側の目名一の沢を使うのが面白い。20mの滝もあって懸垂下降が4回はある。但し山頂から目名一の沢へ下るまでの稜線の藪漕ぎが厳しい。見通しが利きにくいのと笹と潅木が難渋を極め、現在地の特定に神経を使う。沢への下りの目処がつくまで小一時間は覚悟してほしい。沢上部は扇状でウコンウツギやミヤマキンポウゲ、キンバイなど花が咲き乱れる別天地だ。

人跡のない沢を行く

カスベ岳 1049m

何とも奇妙な名前の山だ。
由来は不明だが、漢字では粕部岳という説もある。
狩場山の南東にあり、メップ岳と対をなす。
イワナの沢は滝らしい滝もなく、困難なところも全くない。
最後の藪漕ぎが初心者には難関だろうか。

041

真駒内川イワナの沢ルート
狩場山への夏道
林道を30分歩いて
キャンプ場に着く
キャンプ場
狩場小屋
狩場山小屋
真駒内川
曲の沢
難しいところは
全くない沢が続く
水量が半減する
イワナの沢
町
·514
·459
·661
·626
·355
·585
253
·696
·333
·431
300
350
400
500
N
0
500
1000m
国土地理院2万5千図の160%

カスベ岳 1049m

590
328
400
295
·461
·663
450
2時間で林道に着く
北面沢ルート
·749
20mのナメた
小滝群に出合う
·778
650
500分岐
笹原の山頂
カスベ岳
カスベ岳
1049m
40分の
薮漕ぎ
·766
700
700

■**ルート**：真駒内川イワナの沢200出合い～山頂　■**タイム**：4時間半前後
■**地図**：カスベ岳　■**レベル**：難易度★ 面白さ★ 体力★★ 藪漕ぎ★★

●**アクセス**／札幌からは4時間以上はかかる。せたな町北檜山地区から真駒内川沿いの林道を17km走ると右からイワナの沢が入る。さらに2km先に狩場山への夏道登山口となり、キャンプ場と狩場小屋がある。小屋は10人以上泊まれる。
●**温泉**／北檜山地区に温泉ホテルきたひやまがある。11時～21時・500円・無休
TEL.0137-84-4120

何もない沢？ 原始性こそが最高のウリだあ

真駒内川《まこまないがわ》 イワナの沢ルート

イワナの沢にかかる橋のたもとから入渓する。始めは狭い谷間に大滝やゴルジュを覚悟するだろうが、実は簡単な沢だ。苔むした岩の間をこれ以上ないという清流が流れ、上流部に汚水を流すような人工物が一切ないのを実感する。10～15cmの岩魚が右往左往するのが見える。淡々と小川に近い流れが続く。幅4mの2m滝はがっしりした様だ。

300でいきなり水量は半減し、445は右岸に平坦に広がったところがある。490で2mの小滝の味付けが粋だ。500分岐の右俣に3mの滝が見えるが、右は長い藪漕ぎが地図から読み取れる。左を進むが、左右から草が被

(上) この看板を目印に入渓する
(下) ナメも出てくる

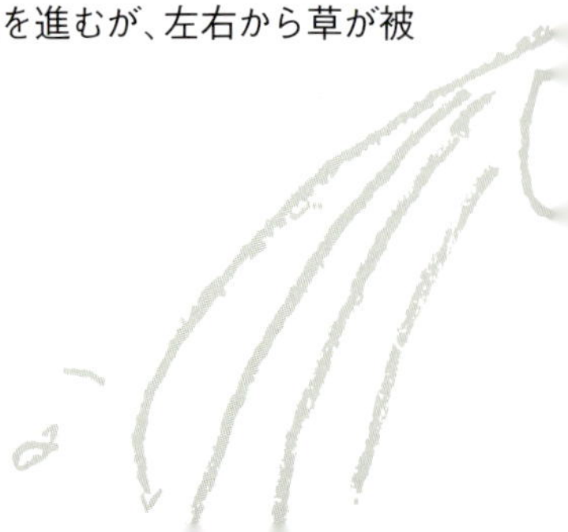

(上) 笹に覆われた山頂
(下) 三角点脇には古い登頂記念板がある

小滝を越えると
源頭までは近い

さり、足元が見えないから距離が稼ぎ難い。575で伏流になり、その後も流れが出ては伏流を繰り返す。

610で20mのナメた小滝群が出る。5mの滝も難なく登れる。その先の広い沢合いから涸れた沢を繋いで行き、磁石を南東に切って進む。笹を避けながら高度を上げるが最後はきつい藪となる。40分余りの藪を漕いで笹原の山頂に着くが、山名板もピンクテープもない。苦労して探し出した三角点の横には「粕部岳登山隊1995年8月22日」と書かれた金属板がある。威風堂々とした狩場山の右奥には大平山も見える。

ganさんの眼《ガン》

山頂を踏むための沢だ。下りで北面沢を使うと面白い。15mの滝もあって310の真駒内川出合いまでは2時間だ。更に林道をゆっくり30分歩けばキャンプ場に着く。

045

背丈程の藪漕ぎは覚悟しよう

SARANBE DAKE

砂蘭部岳 984m

夏道のない山でその存在を知る人は少ない。
名前を聞いて何処にあるかわかる人は相当な山オタクと言える。
東面沢は中級レベルで、安易な遡行は許さない。
沢には人跡もほとんどなく、フル一日の行動時間だから体力も必要だ。
一度は挑みたい沢の一つだ。

046

野田追川中二股川東面沢ルート
この間手強い
登りが続く
砂蘭部岳
984m
入り口がわかりづらい
大きな釜と10m滝
220
入渓地点
巨岩帯
ゲート
中二股川
961
825
679
853
983
583
462
406
352
571
616
228
500
600
350
0
500
1000m
国土地理院2万5千図の117%

■**ルート**：中二股川200入渓～220右俣～400左俣～山頂　■**タイム**：5～6時間
■**地図**：砂蘭部岳　■**レベル**：難易度★★ 面白さ★☆ 体力★★★ 藪漕ぎ★★

●アクセス／札幌からは4時間かかる。八雲町を過ぎた先の野田生地区から熊嶺荘の看板を目印に右折すると道道573号線になる。野田追川沿いに17km弱で林道にはゲートがかかる。ゲート手前から右に入るのが中二股林道で、支流の中二股川沿いに1.3kmで再びゲートで駐車する。目の前に見えるのが砂蘭部岳だ。
●温泉／ゲートの数km手前、野田追川沿いに桜野温泉熊嶺荘がある。9時～21時・500円・無休　TEL.0137-66-2564

興奮度100%の沢

野田追川《のだおいがわ》中二股川《なかふたまたがわ》東面沢ルート

駐車地点から砂蘭部岳が見える

　ゲート手前100mから右に入るとダムがあり、中二股川に入渓すると幅40mの浅瀬が続く。岩魚、ヤマベの釣り人も入っている場合は端を歩こう。ところどころの淀んだ瀞にはいかにも魚が泳いでいそうだ。左岸からジャンプ台のような滝を持った沢が入った先で220右俣に出合う。この周辺には堆積した石をコンクリートで固めたような巨岩が10個余りも点在する不思議な風景だ。

　右俣に入って100mで右岸左岸が迫り、大きな釜と10m弱の滝だ。深山幽谷の雰囲気には怖気づくかもしれない。直登はできない。手前の倒木を伝って上がり、小釜を越えると5mのくの字滝だ。245で右岸から幅

ジャンプ台の滝が
右から入る

ザックを置いて岩盤の危険をチェックする

220右俣の入り口

この滝は巻いて上がる

20cmのか細い滝10mが落ち込む横には5mの巨岩が座る。270で左から小沢が入るが、両岸は狭く、遡行意欲に駆られるところだ。左には砂と石で固めた4mの岩がある。流れは平坦になり、土色の一枚岩盤も出てくる。

370で左から小沢、380で右沢が入るが、この周辺の読図は難しい。直ぐ先で左からの涸れ沢が目的の東面沢だ。370の小沢が上で合流している。530で水量が半減するのは右の岩下から湧き出しているからだ。535で四角い壁を持った3m滝だ。5mの滝は微妙な登りを強いられる。585で伏流になり640ののっぺりした滝は手前から高巻くが、レベルに応じて左岸右岸を選択する。

滝上の分岐は本流の左を取ると5mの涸れ滝がある。これも手強い。中央からの突破は同行者の肩を借りるが、最後の一手が微妙で、自信がなければ右から大高巻きした方がよい。785涸れ分岐は右を取ると藪漕ぎに苦労する。左を取った方が山頂へ近づき少しは楽だ。平らな稜線に上がると草薮があるがよく見ると昔の登山道らしきものだ。山頂は平らで潅木が数本あるだけだ。噴火湾の右には駒ケ岳がある。新鮮な眺めを楽しんでほしい。

いやあ
たのしいなあ

山頂に立てた喜びは大きい

ganさんの眼《ガン》

迫力ある沢登りが楽しめる。初夏なら雪渓が残り、ルート取り次第で時間も難易度も変わる。羆の多い地域だから、雄叫びは欠かせない。

スケールの大きい景観に見とれる

K A R I B A　Y A M A

狩場山 1520m

道南の雄といえば真っ先に名前の上がる山だ。
深く大きい山塊はいかにも北海道の山らしく、
本州からもたくさんの登山者が訪れる。
夏道は真駒内川方面からの旧道、千走川からの新道と２本ある。
何より魅力的なのは羆が多く生息するその原始性だ。
沢は難易度の極めて高い須築川を始めとして数本ある。
千走川南東面沢は程ほどの難しさと面白さが同居する沢だ。

051

狩場山 1520m

千走川南東面沢ルート
夏道ルート
1385
狩場山
狩場山
1520m
1371
ゆったりした
詰めは心地良い
900
1050
1239
10m滝は巻き方で
時間が変わる
源頭
1464
30m大滝
966
1303
1000
100mの
ナメ滝
760分岐
新道夏道ルート
1183
真駒内夏道ルート
は廃道に近い
680出合いは目立たない
724
1214
1050
976
夏道登山口
991
この沢も面白い
750
N
0
500
1000m
国土地理院2万5千図の126%

■**ルート**：千走川680右俣出合い～山頂　■**タイム**：5時間前後
■**地図**：狩場山　■**レベル**：難易度★☆ 面白さ★★ 体力★☆ 藪漕ぎ 無し

●**アクセス**／札幌からは5時間かかる。黒松内町から島牧村へ抜けて南下し、江の島トンネル先にあるのが千走川だ。左岸の道を上流に進むこと30分で狩場山への新道登山口がある。その手前500mほどの680で右から流れ込むのが南東面沢だ。
●**温泉**／千走川沿いに千走川温泉がある。13時～21時・400円・月曜休　TEL.0136-74-5409

源頭の開けた風景に癒される

千走川《ちはせがわ》南東面沢ルート

沢出合いは草木が被さり、うっかりすると見逃してしまう。暫くは何もない沢だが、20分で着いた760分岐の左俣奥には3mの小滝が見える。本流の右を取ると805でいきなりの滝だ。長さ10mの滑り台のような滝では尻滑りしたくなってくる。そこから先の一枚岩盤を流れるナメが鮮やかだ。三段の滝を混ぜながら100m近くも続く。おまけにこげ茶色の岩盤の何と魅力的なことだろう。ミニチュアの棚田を思わせる模様の岩も出てくると、巨岩も現れて乗っ越しに工夫がいる。

980で二段10mの滝だ。一段目は同行者の肩を借りて上がり、後続にはシュリンゲを出す。1000で左から沢が入る。右は5mの滝になり、釜をヘツろうとするが、足場がない。仕方なく左から巻く。1025で30mの大滝が出る。周囲はお椀を上から半分にしたような崖に囲まれ直登はできない。右から高巻くのに10分を費やす。

濃い土色の岩盤の5mの滝の先に、両岸が狭まった谷間が見える。ぞくぞ

この先直ぐの
右の沢から入る

思わず万歳!　したくなる渓相だ

くっと鳥肌が立ってくるところだ。ここから一気の登りが始まる。1100で明瞭な分岐になるが地図ではそれを示す右俣が見当たらない。山肌全体から湧き出ているような感じだ。左の本流ははっきりとした谷間をなし、迷いが生じることはない。

　1130で10mの滝だ。既に水量は多くないが、左右に崖が切り立っていてしばし取り付きルートを考える。右寄りの中間から上にルンゼがあり、古いハーケンにはシュリンゲが下がっている。それを使って上がるのがちょっと辛い。濡れた岩に躊躇して、もう一手一歩に踏み切れない。後続者にフォローしてもらえば楽に上がれる。高巻くなら左岸手前からより右岸の草付きを使うが、ここも気は抜けない。頼りない草の根元に手をかぶせるように掴んで上がるが、滝上に降りるまで初

1130の10m滝は
レベルに合わせて越える

(上) 中級者にも十分な面白さだ
(下) 千走川温泉は源泉かけ流しだ

心者連れのパーティーだと小一時間はかかるだろう。

南東方面を振り返れば幾つかの頂が見える。左にあるのがメップ岳で、右に見えるのがカスベ岳だ。1230でチョロチョロの流れから水を汲むと1250で源頭だ。赤い岩が出てきた先1270で涸れた10mの滝がある。自然の作り出した岩肌の荒々しさが目に焼きつく。左寄りを直登した先で右の本流へ乗っ越すが、急な登りは初心者には要注意だ。1300から左右の岸は緩やかな傾斜を見せて核心部が終わったことを無言で語る。夏なら花が咲き乱れ、色鮮やかな詰めの風景はこの世の楽園を思わせるものだ。僅かな傾きに任せて行くと小沼手前で夏道に出る。そのまま10分も歩くと赤い鳥居のある山頂に着く。帰路は新道を使えば1時間半弱で登山口だ。

ganさんの眼《ガン》

距離は短いが面白さが凝縮した沢だ。初心者のみならず、経験者でも十分満足感がある。1130の滝の越え方次第で時間が左右される。ゆったりとした詰めの風景も楽しみたい。

白水岳から見た遊楽部岳。右奥から旧山頂、新山頂、左端は臼別頭

Y Ū R A P P U D A K E

遊楽部岳 1277m

狩場山と並んで道南を代表する山の一つだ。
登山道もあるが長いので、夏でも訪れる登山者は多くはない。
沢からのルートはいくつもあり、どれも面白さは群を抜く。
太櫓川からは距離も短く、日帰りも可能だ。
北北東面沢はだれた部分が全くない、面白さが詰まった沢だ。
見市川からは沢中一泊の贅沢を味わってほしい。

太櫓川北北東面沢ルート
夏道ルート
林道歩き30分
372
320入渓地点
650
600
852
530分岐までは
平凡な歩きだ
600
700
太
櫓
川
1094
キャンプにはよい場所だ
510分岐
530分岐
768
釜・小滝の連続
せたな町
1015
贅沢な周回ルート
登山口まで
3時間半かかる
1000
700分岐
900
臼別頭
1251.4
風倒木
890分岐
950
1000
夏道ルート
20分の薮漕ぎ
1193
遊楽部岳
遊楽部岳
(見市岳)
1277m
旧山頂
1276m
950
1100
N
0
500
1000m
国土地理院2万5千図の116%

■ルート：林道ゲート～太櫓川320入渓～510左俣～530右俣～旧山頂　■タイム：5時間半前後
■地図：遊楽部岳　■レベル：難易度★☆ 面白さ★★ 体力★★ 藪漕ぎ★

●アクセス／札幌からは4時間半かかる。八雲町から今金町へ抜ける道道を行き、途中から北檜山へ抜ける道道を行くと太櫓川を渡る。左岸の林道を入ると夏道登山口があり、その先でゲートがある。長万部町の国縫から今金町へ向かってもよい。
●温泉／温泉ではないが、八雲町中心部に銭湯昭和湯がある。平成13年以来据え置きの料金370円が嬉しい。14時半～21時・月曜定休　TEL.0137-62-3456

初心者はハラハラの遡行に痺れる

太櫓川《ふとろがわ》北北東面沢ルート

　ゲートから歩き出し林道の尽きた320で川に下りる。真剣に歩けば510分岐までは1時間半で着く。手前の495右岸はキャンプ適地だ。左俣に進んだ先530分岐までは10分余りで着く。左右の水量は1：1だ。右俣を進むと直ぐに両岸が鋭く迫り、函地形が現れる。「ガツーン！」と頭をいきなり殴られる。さてこの先には何があるのだろうとどっくんどっくんと心臓の高鳴りが聞こえ出すだろう。

ゲート手前に車を置いて歩く

　倒木のかかる5mの滝は左寄りに行く。赤、青、白の色鮮やかな岩盤が目を引き、小滝小釜が次々と現れては下流に消えていく。

　575で濃い土色の5mの滝は登れない。下は青緑色の深い釜になる。左から行こうとするが微妙過ぎる。右上に2m上がり、慎重にトラバースして突破するが、初心者には辛いところだ。遡行者を弄《もてあそ》ぶように3mクラスの滝が間断なく襲いかかる。花崗岩が見られるのもこの沢の特徴だ。復路もこの沢を使うなら支点の位置取りを意識しながら遡行した方がよい。

　700分岐に着く。左は5mの垂直の滝となり、進むべき右も5mの滝だ

530分岐からは期待を裏切らない

が、直登は可能だ。右俣の急登は続く。人跡はさっぱりない。これほどの面白い沢なのに沢屋達はどこを遡行しているのだろう。1シーズンに沢で他のパーティーに遇うことすら滅多にないのが正に北海道の沢登りだ。

725の10mの滝で行き詰る。左右は崖に囲まれて簡単には高巻けそうもない。30m手前の左岸に立てかけたような倒木があり、それを使って急斜面を登ると何とか高巻ける。落石には要注意だ。755で右から湧き水のような流れが入るが、本流の左は伏流になる。段々と後ろに山の塊が見えてくる。直ぐそばの円錐形は太櫓岳だが、狩場山と羊蹄山は目立って見える。

狭い流れの急な小滝群はまだまだ続く。経験者には何のことない登りだが、初心者には気を抜けない場面ばかりだ。890分岐を右に取ると風倒木で沢は

495右岸はキャンプ適地だ

泊まったら焚き火を楽しみたい

小滝が続く

平らな旧山頂

一難去ってまた一難だ

埋まる。950から顕著な流れが復活すると1020で源頭となる。1120の涸れ分岐は開けているように感じる左を進むと1205まで沢形は続く。一部密集した竹藪だが20分の格闘で運がよければどんぴしゃりと旧山頂の広場に出られる。新山頂までは10分程だ。帰路沢を下るなら北西面沢を使う方が少し易しい。750分岐までは何も問題はない。510までは高巻きや懸垂2回を入れての醍醐味あふれる下降が続く。3時間半前後で510分岐に着く。

ganさんの眼《ガン》

530からの登りには誰もが満足することだろう。初心者を夢中にさせる沢だ。経験者ばかりなら下りで使っても面白い。夏道下山なら登山口まで3時間半はかかる。

見市川白水沢川ルート
夏道ルート
旧山頂
1276m
遊楽部岳
(見市岳)
1277m
うまくルートを選ぶと
薮漕ぎ10分で旧山頂西に出る
夏道ルート
この辺りは細かい分岐が多い
820分岐は右に入る
この間に
いくつか滝がある
470分岐付近は
巨岩が多い
白水沢川
八雲
熊追沢
280分岐は
テン場に適している
225分岐
ここの函越えが
最初の難所
見市川
冷水岳
1175m
平田内川
浄瑠璃川
冷水沢
N
0
500
1000m
国土地理院2万5千図の62%

■**ルート**：ダム～見市川120入渓～225左俣～山頂　■**タイム**：9時間前後
■**地図**：遊楽部岳　■**レベル**：難易度★☆ 面白さ★☆ 体力★★ 藪漕ぎ★

●**アクセス**／札幌からは4時間半かかる。八雲町から旧熊石町へ抜ける国道277号線を行き、雲石峠を下る途中の雲石トンネルの先2、3kmで見市川のダムが見える。雲石橋の1km手前カーブが法面になっていて、適当に邪魔にならないように停める。
●**温泉**／277号線の鉛川地区に鉛川温泉おぼこ荘がある。11時～21時・450円・不定休 TEL.0137-63-3123

詰めで味わう天国と地獄

見市川《けんいちがわ》白水沢川《しらみずさわがわ》ルート

始めは平凡な川原歩きだ

崖の木々を使ってダムの上に降りるか、工事車輌用の道路も使うことができる。ダムは土砂で埋まっている。平坦な沢を進み、砂防ダムを二つ越えると165で函があり、最初の難所だ。暑いときなら泳いで行けばいいが、左から高巻くなら一つ目の函の上に懸垂で降りることもできる。しばらくは平凡な歩きだ。225分岐を左に進み、280分岐は右だ。

途中で泊まるのなら280分岐でもいいし、470の右岸高台に一張り分ある。470分岐を右に進んでからが高度感ある遡行の始まりだ。難しい滝はない。5mから10mでも全て直登か脇から可能だ。初心者には丁度よい滝

470からは楽しい滝登りが待っている

(上) 巨岩のある滝を行く
(下) 易しい滝でも確実に登る

川原に草を敷くと
快適なテン場になる

食事はキャンプの最大の楽しみだ

ばかりだ。820分岐は手前に地図にない枝沢が左から入る。分岐の左俣は伏流になり、上部が開けていて雰囲気では行きたくなる。ここは水量のある右俣を取るが、暗い感じに躊躇するところだ。

ほどなく右も一旦伏流になる。困難ではないが、手足をフルに使って攀じ登るところもある。水は出ては消えてを繰り返す。

1020は三俣に近い。手前左から流れのある沢が入り、その直ぐ先で左から伏流気味の涸れ沢が来る。右俣を進むと直ぐにまた小さな分岐だ。左には流れがあるが、開けた右は涸れ沢だ。ここも右を行くと5分で涸れ分岐だ。地図では1050にかろうじて確認できる。ここを左に取ると涸れ滝が次々と現れて、中には垂直に近いものもある。5、6mの滝だがバイルを刺して右から高巻くのに苦労する。沢形は1220mまで続いてくれる。

最後は僅か10分の密度の濃い笹と這い松漕ぎで旧山頂西150mの夏道にポンと出る。

ganさんの眼《ガン》

ルートを間違えると最後1時間きつい藪を漕ぐ。筆者の使ったルートを是非お勧めしたい。沢自体の難易度は低いが、上部で細かい読図力が必要だ。泊まるなら山頂より途中の沢をお勧めする。体力派なら1日での日帰り縦走も可能だ。

黒松内岳から見た残雪の大平山（右奥）

OBIRA YAMA

大平山 1191m

オオヒラウスユキソウを代表とする花の山である。
夏道はあるが、沢屋はやはり沢からその頂を踏みたい。
ガロ沢川はそこそこに難所もあり、時間もそれなりにかかる。
夏道を挟んで北隣の直登沢よりはレベルが上だ。
山頂から見た狩場山のドデかさに感動を覚えるだろう。

065

大平山 1191m

泊川ガロ沢川ルート
夏道ルート
·509
·819
·933
901
250
河
鹿
ト
ン
ネ
ル
·589
109
10分藪を漕いで
夏道に出る
大平山
1191m
大 平 山
950
下りで使っても面白い
南西面沢
お花畑が
アチコチに
駐車場は広い
川
200
夏道ルート
·1109
850分岐
810
·405
150の
ガロ沢川
出合い
416
10m滝2本は
緊張する高巻き
370分岐
500
小滝群
·289
地図にない分岐
270分岐
ガ
ロ
沢
川
·710
·543
·743
·358
·716
N
·411
0
500
1000m
650
国土地理院2万5千図の115%

■**ルート**：ゲート～泊川ガロ沢川150出合い～山頂　■**タイム**：6時間前後
■**地図**：大平山　■**レベル**：難易度★　面白さ★☆　体力★★　藪漕ぎ★

●**アクセス**／札幌からは5時間かかる。黒松内町から島牧村へ抜けて南下し、泊地区から泊川に沿った道を入る。立派な河鹿トンネルを抜けた先でゲートがあるので駐車する。
●**温泉**／泊川沿いに宮内温泉がある。10時～20時・450円・無休　TEL.0136-75-6320

遡行と花を同時に楽しもう

泊川《とまりがわ》ガロ沢川ルート

ゲートからそのまま進み、夏道取り付きを左に見てそのまま行く。ガロ沢川出合いまで20分で着く。155で4mの釜が2mの小滝を持って現われると右から巻く。190で地図にない分岐が出てくる。それも水量がほぼ同じだから、納得がいかない。左が正解だが右の沢を詰めると直ぐ先で岩からの湧き水だ。

235で三段の小滝がある。265でも小滝群が続く。初心者にはたまらない面白さだ。270二股は1：1の水量で左に進むと300の5mの滝は右から高巻く。最大の難所が310で現われる。10mの高さから幅1.5mのカーテンがぶら下がっているような滝だ。右手前から大きく高巻くと、滝の上には更に10mの滝がある。まとめて二つを一気に越える。ここだけで40分以

(上) 次々と小滝を越えて行く

河鹿トンネルの先から歩き出す

面白い登りに顔がほころぶ

オオヒラウスユキソウ

エゾカンゾウはかすかに匂う

(上) 東コルから低い笹を漕ぐと夏道に出る
(下) 大平山山頂は平らだ

上も費やす緊張感ある高巻きとなる。370分岐は2:3で本流の右が多い。

415で20mのゴルジュのような滝が落ち込む。600付近から小滝が続き、635では10mの緩い傾斜の滝だ。黒い石が目立ってくる。670で3、4mの黒い滝が実に美しい。710の右から沢が入った先で一旦沢は涸れる。5mの滝はザイルを出して後続を確保したい。785の涸れ分岐を右に取ると800で再び流れが出てくる。850の涸れ分岐を左に取ると860でまた水が出てくる。900分岐の左は涸れているが右は流れがあるので、そちらを進む。1005の分岐は左を進み、1095分岐は右を取る。

1135で沢形が尽きたとき、狙い通り夏道の東のコル付近に出る。10分笹を漕いで夏道に出ると直ぐ先が山頂だ。帰りの夏道は花崗岩の岩場だから慎重に歩きたい。初夏ならオオヒラウスユキソウ、カワラナデシコ、エゾカンゾウやシナノキンバイの百花繚乱状態だ。

ganさんの眼《ガン》

難しいところはないが、二つの滝を高巻くのがやっかいだ。それ以外は易しい登りが続く。時間がかかるから札幌からの日帰りはきつい。ゲートでテントを張れる。体力に余裕があるなら帰途南西面沢を下ってもよい。

大きな声では言えないが、沢屋が地域経済に貢献しているとは言い難い。
それはお前だけだ、と言われればグーの音も出ないが実態だ。
まず宿泊費は払った記憶がない。
殆どは林道や沢中にテントを張るか、無料の山小屋、避難小屋を使うからだ。
公にするのははばかられるが、
小屋型のバス停やJRの無人駅に寝袋を広げたのも一度や二度ではない。
雨、風さえ防げれば原則どこでも寝てしまうというから手に負えない。
ある意味羞恥心欠如とも言えるか。
ガソリンは出発前に満タンにする。
持参する食料は前もって買って行く場合が多いから、
精々地元では24時間営業のコンビニに寄って78円の缶珈琲か
10円で地図をコピーするのが関の山だ。
それでもトイレだけはしっかり使うから、水と紙代を差し引きすると
果たして店には歓迎すべき客かどうか議論の余地はない。
沢屋の殆どはそれでも下山後に温泉に立ち寄るだろうが、
ここ数年真っ直ぐ帰ることの方が多い。
自宅でのビールと温泉を秤にかけたらビールを煽るシーンが先走り、
とりあえず川原で体を拭いたらそのまま家路を急ぐ。
沢登りでの地域興しは幻想に過ぎない。
いや、少なくても筆者の沢登りは地元に負荷だけが増していく。懺悔。

02

日高の沢

38
242
帯広
38
ピパイロ岳
チロロ岳
55
236
春別岳
トムラウシ山
1082m峰
伏美岳
妙敷山
神威岳
336
236
二岐岳
ピラトコミ山
55
236
235
トヨニ岳
野塚岳
オムシャヌプリ
十勝岳
浦河
336

HOKKAIDO

ピパイロ岳方面から見た妙敷山（右）と伏美岳（左）

O S H I K I Y A M A

妙敷山 1731m

縦走路から外れ、話題にあがることも少ない地味な存在の山だ。
春先の残雪季に伏美岳から稜線伝いに行くことが多い。
無雪季に頂を踏んだ人は稀れだろう。
美生《びせい》川支流ニタナイ川からは殆ど登られていないが、
望外の面白さに驚きを隠せない。
薮漕ぎに耐えてでも挑む価値がある。

072

ニタナイ川890左俣ルート
伏美小屋
右岸に
鹿道がある
伏美岳への
夏道ルート
小滝群
890分岐
40mのナメ滝や
20m大滝もある
20m滝2つ
この間が面白いが
逆層の岩盤に苦労する
1150三俣
苔付きの涸れ沢が始まる
薮漕ぎが始まる
妙敷山
1731m
1115
1224
1392
1612
972
1356
N
0
500
1000m
国土地理院2万5千図の126%

■**ルート**：ニタナイ川630出合い〜890左俣〜山頂　■**タイム**：5〜6時間
■**地図**：妙敷山　■**レベル**：難易度★☆ 面白さ★★ 体力★★ 藪漕ぎ★★

●**アクセス**／札幌からだと5時間かかる。日勝峠を下って道道55清水大樹線を行き、上美生地区の上美生橋を渡る。直ぐの電柱にある伏美岳の看板を目印にして右折する。更に1km先を右折してしばらくは舗装された道だ。左に90度曲がつた先から未舗装になるが、道路の状態は悪くない。普通乗用車でも可能だ。上美生から30分余りで伏美小屋が右手にあり、その奥が駐車場と登山口になっている。
●**温泉**／芽室町中美生に国民宿舎新嵐山荘があるが、温泉ではない。
10時半〜21時半・260円　TEL.0155-65-2121

逆層の岩盤には、へっぴり腰がお似合いで

ニタナイ川890左俣ルート

出合いから先で右岸に鹿道があり、700までそれを使う。沢自体は暫く何もないが、石に張り付いた苔の美しさに見惚れる。790で小滝が20m続く。5mの滝にもびっしりと苔が付き、それは見事だ。860分岐を左に取り、次の890は等しい水量だが、左を進む。

ここから沢の核心部が展開する。特徴は逆層になった岩盤だ。簡単なようでいながら全く気が抜けない遡行になる。平らな岩盤の5mの滝がある。先には小滝群が10mだ。935で再び小滝群が現れると先で20mの滝だが、

滑り易い岩盤には細心の注意がいる

(左) しっとりした沢には癒される　(右) ナメの先から小滝が続く

問題はない。さらに50mものナメた流れだ。板のような平らな岩盤が下向きだから左右の笹や木をしっかり掴まないと転倒は必至だ。

980で20mの滝が二つある。一つ目を右寄りに登り、初心者にはザイルを出すところだ。二つ目は板を垂直に立てかけたような滝で歯が立たない。右から高巻いて上がるとその上からも断続的に小滝が続き、初心者には息つく暇がない。1100を過ぎると両岸が狭くなり、ぞくぞくするような身震いを覚える。

1110の両岸の間隔は僅か2、3mに過ぎない。すぐ先で5mの滝だ。微妙な登りだが水流の中に手を突っ込むと手がかりがある。1150の三俣は迷い易い。左は10m、右5mの滝となり、水量は左が多い。中俣は涸れて急な登りだ。右を進むと流れは少ないが一気に急な登りが続く。風倒木が多い。なければ渓谷美に溢れるところだが、木のお陰で楽に登れるところもある。1315で流れが消えると、そこからは苔に包まれた石のあるしっとりした涸れ沢が続く。

1340の涸れ分岐を右に取ると1400で沢形は尽き、藪漕ぎの始まり

逆層の岩盤は中級者でもてこずる

(左) さてどこから登るか思案のしどころだ
(下) ピンクテープだけの質素な山頂

だ。時間はかかるが潅木に掴まって登るのでそれほど大変ではない。1700付近からは登山道と見間違うような鹿道が縦横についていて驚かされる。鹿道を適当に詰めると本峰と西峰の間のコルに出る。そこは30m四方の土場のような広場になっていて、鹿の宴会場を想像させる。更に15分這い松を漕いで山頂に着く。三角点の周りだけがぽっかりと空いている。周囲の木がうるさく見通しはよくないのが残念だ。

下りは往路を戻ってもいいが、890右俣も迫力ある下りで楽しめる。40mのナメた滝や、20mクラスの滝も三つあり、懸垂下降も3回ある。

ganさんの眼《ガン》

薮漕ぎ1時間は我慢しよう。12時間近い遡行となるから早発ちと、それなりの体力が必要だ。経験者向きの沢と言える。

ニタナイ川北面沢ルート830左俣を行く

FUSHIMI DAKE

伏美岳 1792m

展望の山である。
ピパイロ岳から戸蔦別岳、幌尻岳と続く稜線は
見ているだけで幸せな気分になってくる。
標高のわりに夏道から手軽に登れるので、
夏から秋には多くの登山者が訪れる。
戸蔦別川、美生川支流ニタナイ川からのどちらからも
実に面白い登りが味わえる。
最後の藪漕ぎも軽い部類だ。

077

伏美岳 1792m ①

戸蔦別川六ノ沢左俣ルート
夏道ルート
伏美岳
1792m
15分の薮漕ぎで
縦走路に出る
伏見小屋への
夏道ルート
小滝が次々に現れる
左右の水量は同じ
1040分岐
妙敷山
1731m
1040までは
平凡な歩き
帯
広
六ノ沢
六ノ沢出合いは
地味だ
林道を小1時間歩く
1483
1224
972
1392
1356
1428
784
1297
1214
1001
604
933
999
N
0
500
1000m
国土地理院2万5千図の87%

■**ルート**：戸蔦別林道びれい橋先ゲート〜戸蔦別川六ノ沢〜1040左俣〜山頂　■**タイム**：5時間半前後
■**地図**：妙敷山　■**レベル**：難易度★☆　面白さ★★　体力★★　藪漕ぎ☆

●**アクセス**／札幌からだと5時間はかかる。日勝峠を下ってから道道55号線清水大樹線を中札内へ向かって行き、八千代地区への看板が出ているので右折する。戸蔦別川にかかる拓成橋を渡ってから右折すると戸蔦別林道だ。途中左に戸蔦別ヒュッテがある。拓成橋から15km先にゲートがある。駐車スペースは十分だ。下山で夏道を使うなら配車をする必要がある。
●**温泉**／妙敷山ニタナイ川890左俣ルート（p.074）を参照。

天空へ向かって小滝が続く

戸蔦別川《とったべつがわ》 六ノ沢左俣ルート

戸蔦別川本流は穏やかな流れだ

1040分岐の左は滝になっている

　ゲートからの林道を小1時間歩く。巨大な砂防ダムを過ぎた先の大きく左にカーブする辺りから急な崖を下りる。六ノ沢の入り口は地味だから見落とさないように注意する。1040分岐までは平凡な沢だ。右俣は深い谷間と

(左) 5mの滝は簡単に越せる　(中) 小滝群が始まる　(右) 天空へ伸びるような登りが続く

なり、左俣は10mの滝となる。滝の左端を慎重に上がると、その先からは急峻な斜面に小滝群が天空へ向かって行くように伸びている。どれも直登可能だが、初心者にはお助け紐を出す場面が多くなる。

1100から階段状の小滝群が60m続く。更に1245までの小滝の連なりに圧倒されて、面白さ100％だ。1270の5mの滝はシャワーを浴びる。1305の5mは右寄りを慎重に上がる。背後を見れば日高中部の山並みが指呼の間だ。神威岳を始めとして十勝幌尻岳から札内岳、エサオマントッタベツ岳と絶景が展開するので、遡行の疲れも吹き飛ばされる。

1290分岐は左右の水量が同じだ。右を取ると1400からの50mものナメがある。沢は細い一条の流れに変わり、1560付近で源頭となる。薮はそれほど濃くはない。潅木を手がかりに15分登ると縦走路のある稜線に出る。山頂までは10分もあれば着く。下りで夏道を使うなら2時間あればよい。

山頂からの眺めは抜群だ。左奥が幌尻岳、隣りの尖がりは戸蔦別岳。中央・北戸蔦別岳、右端はピパイロ岳

ganさんの眼《ガン》

同じ沢を下るなら丸一日の行動となる。沢の下降は相当に慎重を期したい。

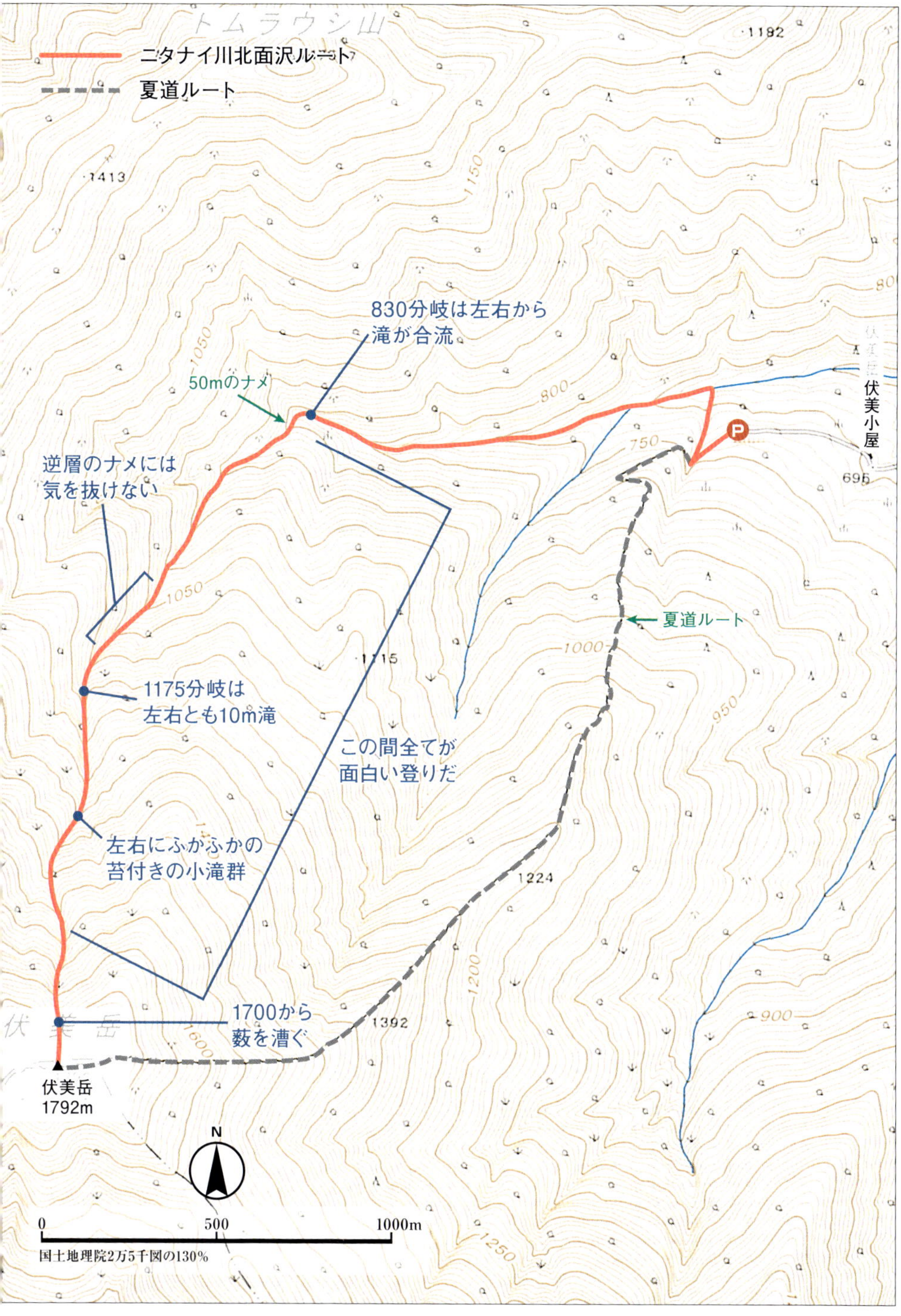
トムラウシ山
ニタナイ川北面沢ルート
夏道ルート
1182
1413
1150
830分岐は左右から
滝が合流
1050
50mのナメ
800
750
伏美岳
伏美小屋
695
逆層のナメには
気を抜けない
1050
夏道ルート
1000
1115
1175分岐は
左右とも10m滝
950
この間全てが
面白い登りだ
左右にふかふかの
苔付きの小滝群
1224
1200
900
1700から
薮を漕ぐ
伏美岳
1392
1600
伏美岳
1792m
N
0
500
1000m
国土地理院2万5千図の130%
1250

■**ルート**：登山口〜美生川支流ニタナイ川680入渓〜山頂　■**タイム**：5時間前後
■**地図**：妙敷山　■**レベル**：難易度★☆ 面白さ★★☆ 体力★☆ 藪漕ぎ★
●**アクセス・温泉**／妙敷山ニタナイ川890左俣ルート(p.074)を参照。

一度の遡行で生涯忘れないとは大袈裟か

ニタナイ川北面沢ルート

(上) 赤い屋根の伏美小屋
(下) 伏美小屋内部は10人以上泊まれる

登山口から５分夏道をたどり、最初の枝沢からニタナイ川に降りたところが標高680だ。始めは平凡な沢歩きだが、途中から左岸の古い林道跡のような平らな岸を笹やフキをかき分けて歩くと少しは距離が稼げる。700分岐の左は夏道と平行している沢だ。830の分岐までは登山口から1時間強で着く。絶景の一言だ。右俣は30mの滝となり、トムラウシ山に向かっている。本流の左も10mの緩い滝となって落ち込む。

ここから始まるニタナイ川の魅力を詳細に語れば紙面の枚数は限りない。滝上からいきなり50mのナメがある。その後も小滝とナメが交互に続く。濃淡混じりの苔が一枚岩盤に張り付いて遡行者の目を釘付けにする。870で10mのナメ滝が出ると、890分岐は右が二段の10mの滝、本流の左は5mの滝だ。日高らしい峡谷の雰囲気に

伏美小屋脇の駐車場、
登山口はこの奥になる

スラブ状の岩盤は全く気が抜けない

(左) 初心者はときに四つんばいで登る
(右) 苔の付いた小滝は美しい

溢れるところだ。

左は直ぐに50mのナメた滝になり、905で二段15mの滝は左寄りを直登する。955で40mのナメは左から攻め上がる。1015の30mのナメは結構手強い。逆層の岩盤は一瞬の不注意も見逃してはくれない。1020からの100mものナメにまたもや挑戦状を突きつけられているようだ。これほどの見せ場が続く沢もそうそうはない。15mの滝は初心者が確保なしに行くには辛い。唯一ザイルを出す場面だ。

1175分岐は左右が10mの滝となり、その手前右からは湧き水が流れ込む。本流の左に進むと沢は南西から真南に進路を変える。一直線に伸びた谷間が3、400mも続く様は壮観だ。1340分岐の水量はそれほど変わらないが右を取り、直ぐに苔の付いた4mの滝を越える。1355の左右にふかふかの絨毯のような苔を持った小滝群には歓声が上がるだろう。

1445で右から涸沢が合流すると、その先から谷間が狭くなり、岩肌がむき出しの風景に詰めの喜びを感じずにはいられない。1560で右岸から結構な流れが入るが、沢状にはなっていない。一旦本流は伏流になり、再び復活するが1650で源頭だ。1680の涸れ分岐は右をとるがどちらをとっても大して変わらない。1700で藪に突入する。僅かな距離だが潅木がうっとうしい。最後10mの這い松を漕ぐと山頂の西30mに出る。

最後背丈ほどの潅木を漕ぐ

ganさんの眼《ガン》

これほどのナメが続く沢も珍しい。
忘れられない沢の一つになることだろう。
北面なので8月以降がお勧めだ。

ピパイロ岳山頂から見たトムラウシ山（中央）

TOMURAUSHI YAMA

トムラウシ山 1477m

名前を聞いて 99%の人は大雪山を思い浮かべるのも無理はない。
伏美岳の北にある山は目立たない。
夏場に頂を踏んだ人は少ないだろう。
残雪季に伏美岳からの稜線をピストンするのが一般的だ。
北東面沢に難しいところは全くなく、初心者向きだ。
最後の藪こぎも楽な部類だ。

085

トムラウシ山 1477m

■**ルート**：美生川537入渓～北東面沢～山頂　■**タイム**：4時間前後
■**地図**：妙敷山　■**レベル**：難易度★　面白さ★　体力★　藪漕ぎ★

●**アクセス**／途中までは妙敷山ニタナイ川890左俣ルート（p.074）を参照。上美生から伏美岳登山口へ向かって行く途中で左に90度曲がって直ぐ先で美生ダムへの分岐となる。そこを右に折れてから美生ダムと本流に沿った林道の先7km地点で駐車する。北東面沢出合いは木の陰で見えないが、空の広がりから谷間を判断する。
●**温泉**／妙敷山ニタナイ川890左俣ルート（p.074）を参照。

百名山？ それ以上の価値ある山かも！

美生《びせい》川北東面沢ルート

地図上のピパイロ川と、美生川は同じだ。美生川の流量は多いので渡渉に気をつける。590で右から小滝をもった沢が入る。本流は先で2本に分かれて平行している。不思議なのは沢床の高さが左右で極端に違うことだ。2本は先で一緒になる。620分岐は不明瞭な感じだが、右を進む。770で正面から涸れた沢が入る辺りから本流は向きを南西へ変える。

後は山頂へ向かって一直線の登りだ。830で20mに渡ってペロンとした小滝が続く。岩盤に張り付いた苔がひときわ美しい。ふかふかの綿のような苔の上に白いハンカチを広げたような流れが覆う。その上からも苔むし

（左）易しい小滝が続く　（右）シャワーを避けて左から高巻く

晩秋になると水は凍る

(左) 薄っすらと雪が積もった源頭を行く　(右) 20分余り藪を漕いで山頂だ

た岩盤の間を小さいジグザグの流れを見る。

915でいきなりの伏流だ。その先で沢形があいまいになり、読図に時間がかかる。地図上では1400まで沢形があるが、右前方からの崖崩れの影響だろう。先で左寄りに明瞭な沢形が現れる。1020で左からの湧き水を見て、1060で再び崖崩れで沢は埋まる。この辺りから北日高の山並みが至近に見える。先鋭的な剣山、久山岳、芽室岳本峰への連なりに思わず足が止まる。

1180で4mの小滝からが一番の核心部だ。30mの急な岩盤が続く。左寄りから高巻くが滑り易いから慎重を期したい。汲めないほどのかすかな流れも1270で尽きる。地図の通り1400まで沢形は続き、藪漕ぎの始まりだ。20分の我慢の歩きで山頂に着く。山名板もない、小さな赤布があるだけの質素な頂には三角錘の石がある。

ganさんの眼《ガン》

草が少しうるさいから、草が枯れた秋の遡行がお勧めだ。下山で山頂から南斜面を藪下降して、ニタナイ川経由で伏美岳登山口に出ることも可能だ。

楽古岳山頂から見た十勝岳

TOKACHI DAKE

十勝岳 1457m

浦河と広尾を結ぶ天馬街道が開通して以来、
南日高は山屋沢屋にはとても身近な山域になった。
1300m から 1500m の山脈が連なる中でも、
十勝岳のどっしりとした存在感は際立っている。
コイボクシュメナシュンベツ川、ニオベツ川など
日高側からの沢もいいが、十勝側からのルートも手ごたえ十分だ。
中級者向けの沢と言える。

十勝岳 1457m

国土地理院2万5千図の72%

■**ルート**：310広場～楽古川480入渓～570分岐左俣（B沢）～山頂
■**タイム**：5～6時間　■**地図**：楽古岳
■**レベル**：難易度★☆ 面白さ★★ 体力★★ 藪漕ぎ 1000左俣☆1000右俣★★

●**アクセス**／札幌から日勝峠経由と日高の浦河経由があるが、どちらも5時間はかかる。国道236号線広尾町野塚地区野塚小学校南側の斜め道路を入る。突き当たりを右折して楽古川沿い林道を行く。始め左岸を進み、らくこおおはしで右岸に渡る。野塚地区から約16kmで310の広場に着く。林道は先へ続いているが、左右から笹が被さり車体に傷がつくので、ここに駐車するのがよい。
●**温泉**／ナウマン温泉　旧忠類村道の駅忠類にある。11時～22時30分・500円　TEL.01558-8-3111

滝の直登はときにセミになるかもね

楽古川《らっこがわ》B沢ルート

林道を進み410で10m四方の広場を抜けると先で殆ど廃道状態となる。440で左岸に渡りだましだましのような踏み跡をたどると、480で平坦な分岐だ。分岐の間の踏み跡を歩き、右に向かって折れてから入渓する。510まではゴーロ帯の平凡な沢だが、そこからいきなり100mものナメと小滝が連続する。左右の水量が同じ570分岐に着く。通称右俣をA沢、左俣をB沢と呼んでいる。初心者向きで易しいのがA沢、中級者向きなのはB沢だ。B沢へ入った先で黄土色の岩盤が現れ、5mの滝が二つ続く。610で10mの滝がちょっと難しい。左上から右下へ流れる滝は傾斜80度近いか。最後の滝上に上がるところでしっかりした手がかりがなく、苦労する。無理しないなら左から巻いて上がる。

これ以降850までは興奮のしっぱなしで、2時間はかかる。依然として黄土色した岩盤が優雅に映る。小滝が次々と現れ、660の15mの滝は右

610の10m滝は最後がちょっと際どい

480入渓地点に目印のケルンを積む

易しい登りだが確実に手足を運ぶ

(上) 時にシャワーを浴びて突破する
(下) 10m滝は左寄りを行く

がゴルジュとなり、左の流れを登る。直ぐにトイ状の10mの滝が出て、更にゴルジュの小滝がある。濡れるのを避けるかどうかで突破の仕方が変わる。720で両岸の隙間は僅か2mだ。ここの10m二段の滝はフリーで登るには歯が立たない。先の5mの滝も難しいので二つまとめて左から高巻いて越える。740の10m滝は5m幅のカーテンを垂らしたように広がって流れ、左寄から直登が可能だ。次の10mの滝は途中からが難しい。自信がないなら左から巻いた方が無難だ。

850の5m滝は中央からも登れるが、右の僅かな突起を使っても面白い。直ぐに20mの大滝に出合う。中

20m大滝は上級者以外は左の枝沢から巻く

間がハング気味に見えるがホールドはある。シャワーを浴びながら水流の中に手がかり足がかりを探りながら3分の2までは楽だ。そこから先は水圧もあって、場合によっては張り付いたセミ状態になる。上級者向きだろう。高巻くのなら左側の枝沢からだが、筆者

コルから這い松の中を山頂へ向かう

が遡行した時には途中で落石が溜まり、ハラハラしながら登った。状況判断が欠かせない。核心部はここで終わり、そこからは倒木や流木が多くなり少しうるさく感じる。1000分岐は左右どちらをとっても山頂へ行ける。右俣は大きく開けて源頭は苔むした岩からコンコンと清水が湧き出る景勝地だ。最後しっかり1時間近くの藪を漕いで山頂へ至る。左俣はガレ沢が続き、1100からトイ状の流れになる。1200手前で源頭となり、1200涸れ分岐の左を取ると1300で沢形は終わる。膝頭程度の笹帯の中に鹿道があるので、それを上手く繋いで行くと実質藪漕ぎなしで1360の稜線に出る。這い松の中の踏み跡をたどると20分余りで山頂に着く。手前には一張り分のテント適地がある。

下りはB沢を使うよりも野塚岳方面への稜線を1280付近まで行き、A沢からの下降がお勧めだ。滝もいくつかあるが、懸垂の必要もなく、黄土色の岩盤を流れるナメ滝には癒される。570分岐までは山頂から2時間半みればよい。

山頂手前に一張り分のテン場がある

ganさんの眼《ガン》

大休止を入れて11時間前後と1日がかりの遡行で、それなりの体力が必要だ。充実した遡行が味わえるのを保証します。

野塚岳方面から見たオムシャヌプリ本峰（右）と東峰（左）。中央手前は1220峰

オムシャヌプリ
本峰1379m東峰1363m

漢字では双子山と書くがオムシャヌプリ、略してオムシャと呼ぶのが一般的だ。
南日高周辺にいくつかある双子峰の山で、野塚岳とセットで登られることが多い。
沢ルートの選択には困るほどだ。
ニオベツ川、野塚川からは初級、中級とレベルに合わせて楽しめる。

095

野塚川北東面沢ルート
野塚川東面沢ルート
野塚岳
1353m
体力と時間に余裕があるなら
野塚岳へ行きこのルートを
下るのもお勧めだ(p.110 参照)
1220峰
稜線には踏み跡がある
野塚岳まで2時間半はみたい
この間滝三昧だ
450分岐
570分岐
535から
小滝群100m
680どんづまりの
景観は見事
810分岐は左の
水量が多く見える
630分岐
1150
涸れ分岐
本峰・東峰からの帰路は
これを使うといいだろう
30分の薮漕ぎ
オムシャヌプリ
(双子山)
1379m
コル
東峰
1363m
1250で
沢形消える
苔むした
渓相の始まり
ハラハラドキドキの
核心部
本峰と東峰は
40分かかる
0
500
1000m
国土地理院2万5千図の108%
N

野塚川
P
国道から
17km地点
入渓地点
渡渉地点は
キャンプ適地
広尾町
741
548
371
350
550
624
700
749
969
963
902
850
650
550
350
306
1175
550
388
700
800
750
550
484

■**ルート**：林道～野塚川411入渓～570左俣～820右俣～本峰　■**タイム**：4～5時間
■**地図**：楽古岳　■**レベル**：難易度★☆ 面白さ★★☆ 体力★☆ 藪漕ぎ★

●**アクセス**／札幌から日勝峠経由と日高の浦河経由があるが、どちらも5時間前後かかる。国道236号線野塚地区の野塚川にかかる橋の帯広側手前の道を西に入る。道なりに行くとT字路になり、右折して直ぐに左折後は野塚川に沿って行く。国道から17kmほどで林道は決壊しているので、適当に駐車する。普通乗用車でも問題はない。
●**温泉**／十勝岳楽古川B沢ルート(p.092)を参照

う～ん、なかなか手強いぞ

野塚川《のづかがわ》北東面沢ルート

野塚川出合いはキャンプには絶好な場所だ

林道をゆっくり30分歩いて本流に出合う。ここはキャンプするのにうってつけだ。浅瀬を渡渉して対岸に渡ると更に林道は続いている。411分岐付近で広場となり、素直に進むと踏み跡を抜けて川原に出る。450分岐までは直ぐだ。右俣に入るところの右横によくみると笹の間に踏み跡があるので、これを使って行くと時間の節約になる。570分岐までは特記するようなものはない。ここから左俣に入るが、1000までたっぷりと沢の醍醐味を堪能できる。地図を見るだけでも結構なレベルであることが分かる。直ぐに三段の10m滝は右からヘツルがちょっと微妙で、初心者は左から巻く。605で幅2mの10m滝は左から直登すると、2mの小滝が二つ続いた先から小滝、小釜が4連続する。

630で左から30mの細い滝が流れ込み、本流は幅3mの10m滝で、上級者なら右から直登可能だ。直ぐに4mの直瀑はシャワーを浴びるが直登できる。680のどんづまりの景観には趣きと荒々しさが同居する。左から

570分岐から
左に入ると
絶景の始まりだ

10m滝は左から直登だが慎重さは欠かせない

（左）630の滝は右寄りに直登可能だが上級者向きだ
（右）4m滝はシャワーを浴びるが直登は易しい

30mの細い滝が落ち込み、本流は10m滝が２筋になってくの字に流れる。690でまた10m滝だが、２筋の流れの右はまっすぐに落ち込み、左は三段の小滝に見える。左側から巻いて行くが、下りでは要注意だ。705の10m滝は円を描くように丸く流れ、直登も可能だがシャワーを浴びるのが嫌なら左から巻く。

740の5mの滝が面白い。下は深い

740の滝越えはちょっとドキドキだ

(上) 10m滝は左から簡単に越せる
(下) 黄土色した岩盤を行く

釜を持ち、左上からのトラバースも微妙だ。左からヘツリ、滝上にある残置シュリンゲを使って越えるところはちょっとドキドキする。810分岐は見た目左の水量が多く、右は地味な沢に見えて、雰囲気だけでは右に進む気にはならない。しかし右に入ると一気に高度を稼ぎ出す。

900にある15m滝は簡単に越せる。940から左岸に崩れかけた崖が続き、枝沢が頻繁に流れ込む。5mのゴルジュの滝を左から巻くと、直ぐに15mのナメた滝は易しい。その先からは100mもの黄土色した一枚岩盤が遡行者の目を引くだろう。この辺りまでくると源頭が近いのを感じる水量だ。1100の先で流れは涸れ、1150は涸れ分岐だ。左を取ると本峰と東峰のコルに抜けるし、山頂直登なら右を進むと1210でまた涸れ分岐だ。

左を行くと1300で沢形は消える。それほど大変ではない藪漕ぎでも、30分はみておきたい。運がよければどんぴしゃりと山頂に着くだろうが、多少ずれても何も問題はない。

ganさんの眼《ガン》

面白い沢に尽きる。下りで使っても十分楽しめるが、懸垂下降が数回ある。体力派には野塚岳まで縦走して南コルから下る周回ルートを是非お勧めしたい。

■**ルート**：林道～野塚川411入渓～450左俣～570左俣～630右俣～800右俣～東峰　■**タイム**：5時間前後
■**地図**：楽古岳　■**レベル**：難易度★★ 面白さ★★☆ 体力★★ 藪漕ぎ★

●**アクセス**／オムシャヌプリ野塚川北東面沢ルート(p.098)を参照。
●**温泉**／十勝岳楽古川B沢ルート(p.092)を参照。

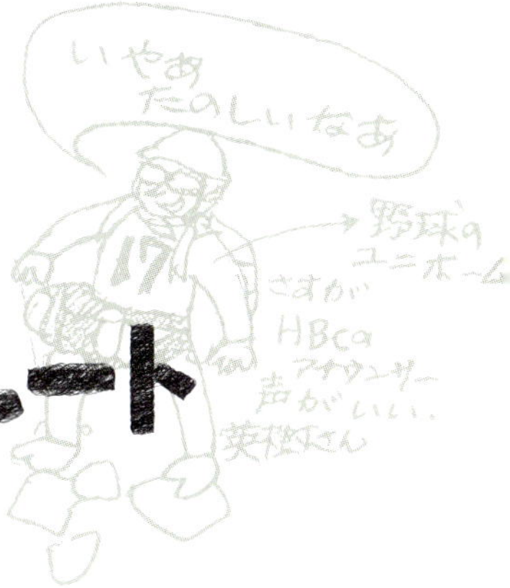

東峰直登沢？沢オタク向けでしょ！

野塚川《のづかがわ》東面沢ルート

450分岐まではオムシャヌプリ野塚川北東面沢ルート（p.098）を参照のこと。注意するのは411付近で入渓した地点から平行している流れがある。450付近で左の沢に乗っ越すことになるが、始めから左を遡行してもよい。ゴーロの沢を詰めていくと535からいきなり小滝群が100m続くが、その後の核心部への露払い役に過ぎない。一枚岩盤は縞模様を呈し、目を楽しませてくれる。

3mの滝が現れる。下には深い釜を持ち、へツルのも容易でない。右岸の倒木を利用して突っ張りで滝下へ行き、そこから上がるが、水圧がきつい。630分岐の左俣には10m滝も見える。

右俣に入ったところからがいよいよ核心部の始まりだ。正に空に向かって登っていくように、小滝群が延々と急斜面に張り付いている。日高らしい苔の少ない赤茶けた岩盤だ。660の5mも簡単ではないが、その先の大滝は20m以上ありそうだ。ここは手前の左岸から大高巻きするしかない。40m近く上がってから滝上に抜ける。

680で4・4・5mの三段の滝は三段目が際どい。右側は苔に覆われ風情漂う。左側からの取り付きが少し易しい。740でガレた小沢が入るが800まで小滝、中滝の怒涛のような登りが続く。800分岐の水量は等しい。右

人跡のない沢の何と魅力的なことか

初めての沢ほど
興奮するものはない

水量は少ないが急な登りだ

に入ってからは一気に渓相が苔むした岩盤へと変わる。915で左から、950で右からのガレた沢を過ぎ、980で一旦沢は伏流になる。

1055で左からガレ沢が入り、流れのある右を進むと沢形は緩くなり、1250で地図の通りに沢形は消える。楽な部類の藪を10分弱漕いで東峰の北稜線へ上がり、更に10分で東峰へ着く。本峰まで行くならさらに40分はかかる。下りは西コルからの沢を使うと倍楽しめる。

ganさんの眼《ガン》

800までの核心部は飽きるときが全くない。中級者以上向けだが、ザイルを出してもらえば初心者でも十分楽しめる。隠れた名渓と言えるだろうか。お勧めだ。

野塚川南コルルートの滝を登る

NOZUKA DAKE

野塚岳 1353m

南日高には沢登りの対象として、人気のある山が多い。
野塚岳はその中でも代表的な山で、その存在感は抜きん出ている。
ニオベツ川南面直登沢はその最たるものだが、
それ以外にも日高側、十勝側からのバリエーションルートがいくつかある。
ひとつの頂に様々なルートから是非挑戦してほしい。

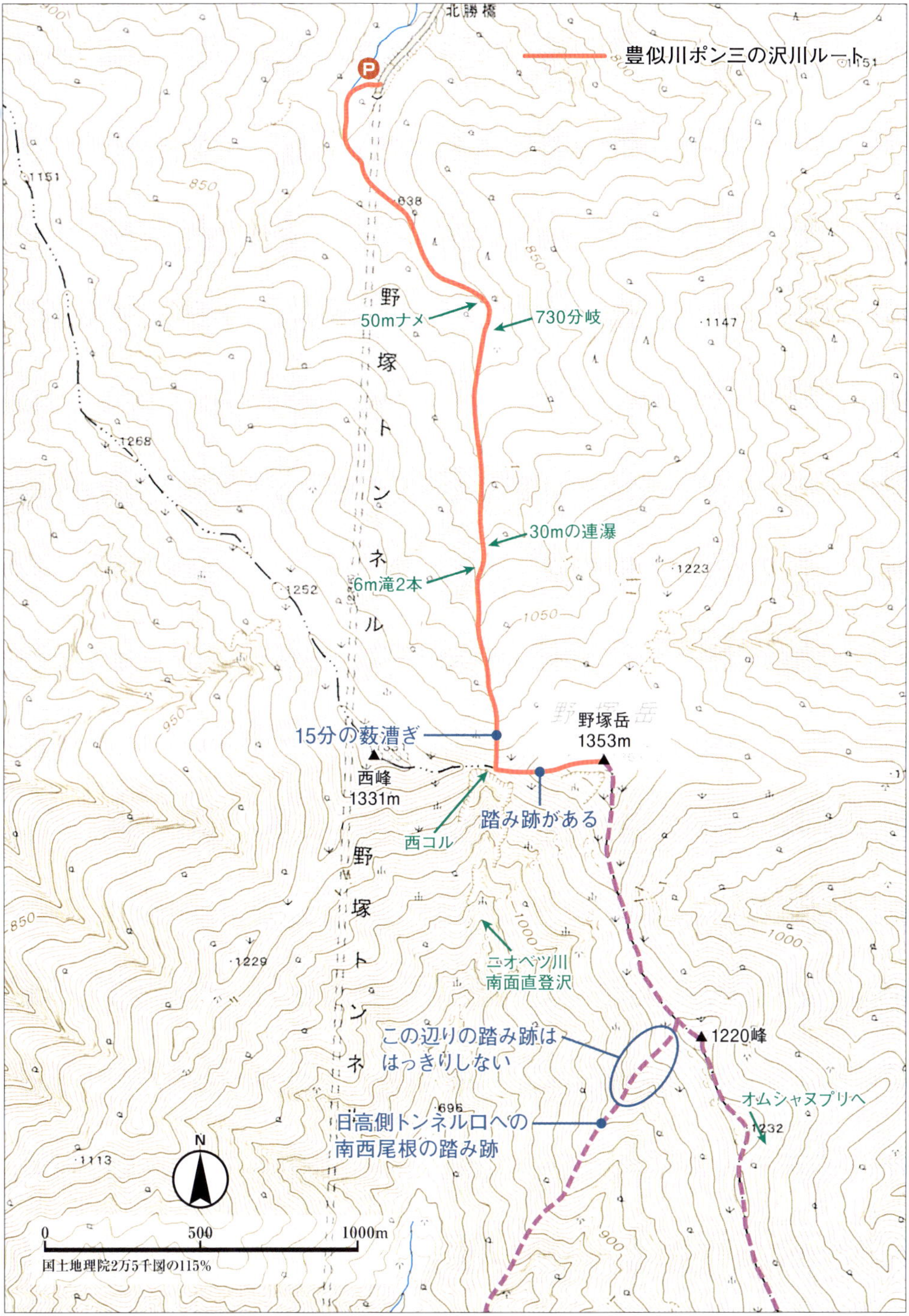
北勝橋
豊似川ポン三の沢川ルート
638
850
1151
1147
野塚トンネル
50mナメ
730分岐
1268
30mの連瀑
6m滝2本
1223
1252
1050
950
15分の薮漕ぎ
野塚岳
野塚岳
1353m
西峰
1331m
踏み跡がある
西コル
野塚トンネル
1000
ニオベツ川
南面直登沢
850
1229
この辺りの踏み跡は
はっきりしない
1220峰
オムシャヌプリへ
1232
696
日高側トンネル口への
南西尾根の踏み跡
1113
N
0
500
1000m
国土地理院2万5千図の115%
900

■**ルート**：ポン三の沢川580入渓～西コル～山頂　■**タイム**：3時間前後
■**地図**：楽古岳・トヨニ岳　■**レベル**：難易度★ 面白さ★ 体力★ 藪漕ぎ ★

●**アクセス**／札幌から日高の浦河経由で4時間半かかる。野塚トンネル十勝側出口に駐車場がある。
●**温泉**／浦河から15km三石海浜公園にある三石温泉蔵三がお勧め。シャンプー、石鹸付き。10時～22時・420円　TEL.0146-34-2300

野塚岳最短ルート？こりゃ楽チン

豊似川《とよにがわ》 ポン三の沢川ルート

1220峰から見た野塚岳(右)と西峰(左)。間の奥はトヨニ岳

(左) 1220峰からの南西尾根
(右) 野塚岳西コルから山頂へ

野塚岳山頂からの眺めは良い。奥はトヨニ岳

野塚岳に登る一番簡単なルートだ。野塚トンネル十勝側の駐車場横から入渓する。北面沢だから遅くまで雪渓が残るので8月以降の遡行がいい。ゴーロ帯が殆どだが、予想以上に趣きある遡行が楽しめる。

700までは何もない。50mのナメが出てくる辺りから面白くなる。

730分岐は右を取り850分岐は左を進む。890で30mの連瀑が最大の見所だ。難しくは全くない。910での6m滝は右から上がり、次の6mも問題はない。1050で三俣となる。右は涸れ沢となり、中俣を行く。

最後は15分の藪漕ぎだがきつくはない。1230の西コルに出る。山頂までは低い這い松の中にある踏み跡をたどり20分ほどだ。

山頂からの眺めは素晴らしい。北西にはトヨニ岳、南西にはオムシャヌプリや十勝岳の雄姿に疲れも吹き飛ぶことだろう。

ganさんの眼《ガン》

車が複数あるなら帰路は1220峰からの南西尾根を下ってトンネル日高側出口に出てもよい。下り始めが少し分かり難いので注意が必要だ。

野塚川南コルルート
野塚岳
1353m
踏み跡がある
930三俣は
一番の景勝地
この辺りから日高らしい
渓谷美が始まる
750分岐
南コル
鹿道を使って
コルに出る
凱旋門を
思わせる谷間
570分岐
オムシャヌプリ
（双子山）
東峰
1363
1379
1223
1116
1232
824
665
495
1050
800
550
1000
750
950
900
850
0
500
1000m
N
国土地理院2万5千図の126%

·741
·839
·548
野　塚　川
350
P
·712
·371
550
入渓地点
渡渉地点は
キャンプ適地
700
左岸に
踏み跡がある
·749
·968
963·
450分岐
850
·902
550
1175·
広　尾　町
550
900
·388
700

■ルート：林道～野塚川411入渓～570右俣～750右俣～南コル～山頂　■タイム：5時間前後
■地図：楽古岳　■レベル：難易度★ 面白さ★☆ 体力★ 藪漕ぎ無し

●アクセス／オムシャヌプリ野塚川北東面沢ルート（p.098）を参照。
●温泉／十勝岳楽古川B沢ルート（p.092）を参照。

藪漕ぎゼロは鹿さんに感謝だなぁ！

野塚川《のづかがわ》南コルルート

570分岐まではオムシャヌプリ野塚川北東面沢ルート（p.098）を参照。右俣を進むと徐々に谷間が狭くなり、日高らしい渓谷美が随所に出てくる。

（上）630から小滝群が現れる
（下）易しい登りだが滑落には十分注意する

630からゴルジュの小滝が続く。3mの滝は右を直登する。680で左右から枝沢が流れ込むが、崖の途中からの湧き水だ。特に左からの枝沢の脇にはびっしりと濃い緑色の苔が張り付き美しさに秀でている。その先の5mの滝は僅か30cmの落ち口から放射状の流れになって三角巾を垂らしたようだ。左の水際を行くと易しい。直ぐにまた釜を持った3mの小滝だが、これが意外に難しい。ドボンを覚悟でヘツルか、右岸を巻くかだ。

710で左右の崖の間が4、5mのまるで

湧き水の枝沢には
苔が張り付く

5mの滝は左からだ

フランス凱旋門のような谷間になる。そこは5mの滝になり、登るのは易しいが、心に強く残る景観だ。730の5mの滝はシャワー覚悟なら直登できるが、嫌なら左から巻く。750分岐は右を取り幅3mの5mのどっしりした滝を越えると、直ぐに10m弱の緩いくの字の滝だ。左岸にガレが堆積して簡単に登れる。800、820と続けて右から小沢が入り込み、暫くはガレ沢を歩く。

930三俣はこの沢一番の景勝地だ。左から10m、20m、30mの滝が合流する。水量は右俣が一番多いが、沢形は早めに消える。左の滝はゴツゴツ

垂直に近い登りもある

正面奥が930三俣になる

源頭までもうすぐだ

南コルからは踏み跡をたどる

とした岩で簡単に登れそうだ。選択する中俣は一見すると難しそうだが、ホールドがしっかりあって容易に上がれる。975、990mの分岐はいずれも左を取り、1035分岐の右は涸れ沢となり、流れのある左を進む。1080で源頭となり、開けた沢形を素直に詰める。笹薮に入るが鹿道が縦横についていてそれをたどれば僅か5分で1155の南コルに出る。

そこから山頂まではゆっくり歩いても30分ほどだ。下りで同沢を使うなら680で1回懸垂下降があるくらいだ。

ganさんの眼《ガン》

難しいところは殆どないが、570からの渓相は実に味がある。日高入門で初心者が遡行するにはちょうどよい。

山頂には三角点と立派な山名板がある

ピパイロ岳 1917m

ピパイロという哀愁を帯びた響きに惹《ひ》かれる人は多い。
日高の山をやるなら一度は踏みたい山頂の一つだ。
伏美岳から稜線をたどるのもいいが、沢から登頂の満足感はひとしおだ。
戸蔦別川 782 右股からのルートは初心者向きと言える。
時間は長いが滝の高巻きや藪漕ぎも殆どなく、
意外と体力は使わない。

ピパイロ岳
1917m
沢装備はここにデポしよう
1730
1542
1546
1350
最後わずか10分の
薮漕ぎで縦走路に出る
1500
1250
難しいところが全くない955右俣
1421
スラブ状の岩盤歩きが
ハイライト
1276
1298
955分岐
1339
帯広市
950
923
1000
1021
七ノ沢
戸《とっ》蔦《た》別川
782
入渓地点
殆んど踏み跡
程度だ
1087
1200
1015
八ノ沢
右岸は
テン場適地だ
1296
1100
N
0
500
1000m
国土地理院2万5千図の112%
1525
帯広市

伏美岳
1392
1600
1792
戸蔦別川782右俣ルート
900
1250
1612
1250
妙敷山
1731.3
1350
1100
1450
1428
1000
1050
林道を
1時間15分歩く
784
1297
1214
1001
697
900
800
604
入林ポスト
1006
700
800
800

■**ルート**：林道ゲート～戸蔦別川八ノ沢出合い～782右俣～955右俣～1545稜線～山頂
■**タイム**：5時間半前後
■**地図**：ピパイロ岳･妙敷山･札内岳　■**レベル**：難易度★ 面白さ★ 体力★☆ 藪漕ぎ☆

●**アクセス**／伏美岳戸蔦別川六ノ沢左俣ルート(p.079)を参照。
●**温泉**／妙敷山ニタナイ川890左俣ルート(p.074)を参照。

転ばないで歩いたら誉めてあげる

戸蔦別川《とったべつがわ》782右俣ルート

ゲートから林道を歩く。エサオマントッタベツ沢出合いを過ぎてしばらく行くと決壊している箇所もあり、林道は踏み跡程度になってくる。八ノ沢出合いまでは1時間15分ほどだ。ここから入渓してゆったりした戸蔦別川を歩く。コバルトブルーの澄んだ流れと瀞の渓流美には心を打たれる。

782右俣出合いまでは20分ほどで着く。右俣に入った先からはピパイロ岳が見え遡行意欲がかき立てられる。880から4、500m続くスラブ状の土色の岩盤歩きがこの沢のハイライトだ。神威岳へのカタルップ沢のスラブのナメを彷彿させる。初心者は転ばないように注意する。途中5mの逆層の滝は怖くて登れ

(左) 戸蔦別林道のゲート前から歩き出す
(中) 八ノ沢出合い右岸は絶好のテン場だ　(右) 戸蔦別川782で入る右の沢を行く

難しくはないがツルンとした岩盤遡行がこの沢の見せ場だ

955分岐を右に入る

涸れた沢にしっとりした苔が
敷き詰められている

ない。左の獣道を使う。955分岐から右に入るが、稜線に上がるまで難しいところは全くない。

1035で伏流になり、1195から流れが現れる。1380で源頭となり、沢形は1500まで続く。最後は僅か10分の楽な藪漕ぎで1545の稜線に出る。下りも同ルートを使うならここにヘルメットやバイルなど沢装備をデポすると楽だ。ピパイロ岳山頂までは1時間ほどで着く。

山頂の中央奥に1967m峰、通称ロクナナが見える

ganさんの眼《ガン》

八ノ沢出合いはよい幕営地なので日程に余裕があるならここでの前泊をお勧めしたい。995分岐までのナメ歩きだけでも十分に楽しめる。

コイカクシュサツナイ川東面沢一番の難関10m滝は左岸から人間踏み台で突破だ

ピラトコミ山 1588m

地図にあるピラトミ山はピラトコミ山が正しい。
日高・十勝の国境稜線から外れ、その存在を意識する人は稀だ。
ピンクテープ1本もない頂からの見通しは良くない。
コイカクシュサツナイ川からは中級以上のレベルで、
気が抜けない登りが続く。
その迫力ある遡行を一度経験すれば
本書の大方の沢は易しく感じることだろう。

ピラトコミ山 1588m

コイカクシュサツナイ川東面沢ルート
ピラトコミ山
1588m
この間急な
小滝群
大雪渓で20m滝
人間踏み台で
滝を越える
大滝が続く
滑りやすい
詰めの藪漕ぎ
V字谷が始まる
谷間まで地図と
磁石を手放せない
迫力ある
下りの沢だ
札内川
あかしやトンネル
札内二股橋
地味な
入り口
コイカクシュサツナイ川
コイカクシュサツナイ岳へ向う
1407
1508
1194
938
1028
748
899
791
911
730
566
N
0
500
1000m
国土地理院2万5千図の98%

■ルート：コイカクシュサツナイ川～480東面沢～山頂　■タイム：6～7時間
■地図：札内川上流　■レベル：難易度★★☆ 面白さ★★★ 体力★★★ 藪漕ぎ★★

●アクセス／札幌からだと5時間かかる。日勝峠を下ってから道道55号線清水大樹線を行く。中札内村中心部を経由して、上札内から札内川に沿った舗装された道を行くと左に札内ヒュッテがある。その先のトンネルを抜けたところにある札内二股橋下を流れるのがコイカクシュサツナイ川だ。橋の先に登山口の標識がある。脇道を50m入って適当に駐車する。
●温泉／妙敷山ニタナイ川890左俣ルート（p.074）を参照。

仲間を踏み台にする人生、沢ならいいか

コイカクシュサツナイ川
東面沢ルート

林道から直ぐ沢に降りて5分も歩かず東面沢に出合う。小川のような地味な流れだから見逃しそうだ。砂防ダムを三つ越えた先550からV字谷が始まり、小滝が連続する。僅か3mの滝手前の釜は深い。右から行くが気が抜けない。

565の滝は胸まで浸かって越える

565の小滝、小釜も胸まで浸かって苦労して越える。605でソーメンを流したような幅1mの10m滝は直登できない。右からは30mのか細い滝が合流する。その後も5mの滝が続く。660には三段の滝があり、30m以上はありそうだ。

その先にも10m、更に30mと大滝が続き、全部まとめて右から一気に高巻くのに15分はかかる。

800を過ぎた先で白っぽい崖が両岸を成し、好天なら光のシャワーが反射して眩しい。両岸の隙間が3、4mとなり5mの滝に倒木がかかる。水しぶ

830の5m滝は先行者からザイルをもらう

きを浴びながら突破すると845で下に釜を持つ5mの滝だ。右から上がるがザックを背負った身では楽ではない。沢は右に90度曲がる。

ここが一番の難関だ。10mの滝だが直登は難しい。左岸2m上に棚があり、そこから人間踏み台を作って、更に先行者の足を下からフォローして突破する。パーティーの技量とチームワークが試されるところだ。この先で8月でもまだ大雪渓が残っている。50m奥正面に20mの滝が落ち込み、周囲は崖で囲まれている。雪渓を利用して右岸から高巻くが、なければ相当手前から高巻くことになる。

1000で沢床に降りてから直ぐに3、

苦労してたどり着いた三角点は愛しい

大雪渓の後ろに20m滝が見える

木々の間に1826m峰が見える

コイカクシュサツナイ岳から見たピラトコミ山

40mの小滝群があり、小滝とはいえ巻くところもある。さらに小滝が塊となって沢をなす様は圧巻の一言だ。高度計はめまぐるしく数字を変える。1085からうどんの束を立てたような30m滝だ。左から巻いた先からも小滝が終わりのないドラマのように展開する。沢の前半には見られなかった美しい苔も現れ出す。

1260分岐は水量の多い右を取り、直ぐ先の分岐は左を進む。1275で伏流になる。1400からは明瞭な沢というよりもスノーボード競技のハーフパイプを歩いている感覚だ。稜線手前の急な泥壁はフェルト底の沢靴が滑って相当きつい。早めに左上に逃げて潅木を使った方がいくらか楽だ。1550の稜線に上がると獣道が付いているからそれを利用して10分で山頂に着く。残念ながら周囲の木が邪魔をして眺望は余り楽しめないが、国境稜線の1826m峰が見事な姿を見せる。帰路も登りと同程度の時間がかかるので精精30分程度しか山頂には居られない。

南東面沢もなかなかの迫力だ

ganさんの眼《ガン》

体力、技術、経験全てを必要とする。中級者以上の人には是非挑んでほしい沢だ。30mザイル2本は持参したい。早発ちも必至だ。下りで南東面沢を使ってはどうだろう。東面沢と遜色ないほど面白い。懸垂下降が7、8回はあるが、迫力ある下りが楽しめる。

パンケヌーシ川北面沢の藪自体は濃くはない

SYUNBETSU DAKE

春別岳 1492m

春別岳と名がついた山は知るだけで二つある。
一番有名なのは日高中部の国境稜線にある山だが、
チロロ岳の西はずれにあるのも春別岳だ。
パンケヌーシ川からのルートは原始性に富み、
人跡もほとんどないのが魅力的だ。
距離は短いが侮れない沢だ。

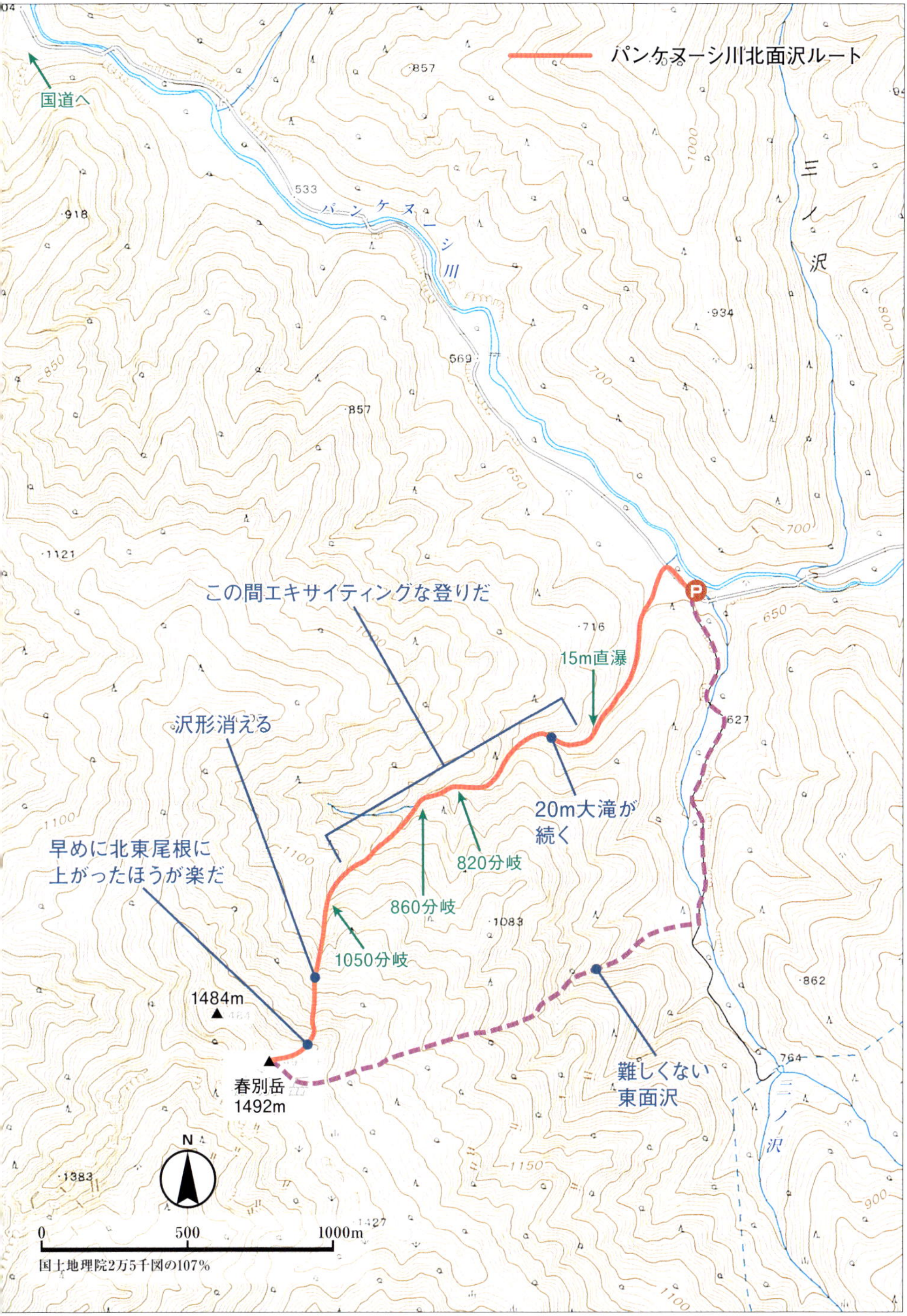
パンケヌーシ川北面沢ルート
国道へ
パンケヌーシ川
三ノ沢
この間エキサイティングな登りだ
15m直瀑
沢形消える
20m大滝が
続く
820分岐
860分岐
1050分岐
早めに北東尾根に
上がったほうが楽だ
1484m
春別岳
1492m
難しくない
東面沢
N
0
500
1000m
国土地理院2万5千図の107%

■ルート：パンケヌーシ川北面沢590出合い〜山頂　■タイム：5時間前後
■地図：ペンケヌーシ岳　■レベル：難易度★☆ 面白さ★★ 体力★☆ 藪漕ぎ★☆

●アクセス／札幌からは3時間ほどだ。日高町の千栄地区から4、5km日勝峠よりにパンケヌーシ林道が右手にある。国道から10kmほどで右側に二ノ沢林道出合いがあるので、そこに駐車する。林道を100m戻ったところに南から入る沢が北面沢だ。日高北部森林管理署01457-6-3151　で事前にゲートの鍵を借りる。
●温泉／沙流川温泉ひだか高原荘　日高町沙流川キャンプ場にある。11時〜21時·500円·無休　TEL.01457-6-2258

人跡のない沢を探険に行こう

パンケヌーシ川北面沢ルート

二ノ沢林道出合いに駐車する

しばらくは清流と石に張り付いた苔を楽しみながらの遡行だ。660からいきなり核心部が連続する。15mの直瀑が周囲に飛沫を投げる。左の枝沢を使って高巻くが、枝沢は途中から湧き水となっている。小滝を挟んで右から30mの滝を持った流れが落ち込む。

660の15m直瀑

690ではまたもや20mの大滝が豪快無比に爆音と共に落ち込む。右から高巻くが、草付きの下が岩盤になっていて慎重を要する。滝上から若干方角を左に変えた沢はそこから狭いゴルジュのようになり、20m二段の滝となって落ち込む。左右岩壁の間は10mもない。右の枝沢を使って上がり、そこから大きくトラバースするが、水のない枝沢状を2本巻くのに更に登る必要がある。木はしっかりあるが初心者には気が抜けないところだ。

上には更に20m近い滝が連続していて、一気に巻き終わるまで20分近

初心者にはシュリンゲを出す場面が多い

(上) 分岐に来る度に現在地の確認を怠らない
(左) 次々と小滝が現れ高度を稼ぐ

種類の違うラーメンのごった煮も山ではご馳走だ

倒れ掛かった三角点がある

山頂にはピンクテープだけがある

くかかる。820分岐は地図の通りで左右の水量が1：2で右を取る。後ろには芽室岳西峰と本峰が見えている。

840から50mもの小滝群が現われて、歓声が狭い谷間に木霊する。850で右から滝を持った小沢を過ぎると860で1：1の水量の分岐となる。右は開けた沢となり、進むべき左は狭い流れだ。885で7mの滝は右を登るが初心者にはお助けヒモの出番だ。

この後も1000mまで小滝が連続して一気に高度を上げて行く様には誰もがエキサイトするだろう。苔の緑が一段と鮮明さを増しているのにも魅了される。890で2mの滝だが簡単には越えられない。人間踏み台を使うのが一番手軽だ。

1050分岐は2：1で水量の多い左を進むと、沢形でもないのに結構な量の水が右から入る。おそらくは上で湧き水となっているのだろう。

1100分岐は明瞭な沢形が右にあるが、水は圧倒的に左が多い。左を取ると先で幾つか分岐が出て来るが水量の多い方を詰めて行く。1235で源頭となり、同時に沢形も消える。

残る標高は260mほどだ。思ったほど薮は濃くはないがフェルト底の靴には辛い傾斜だ。左に見える稜線に早めに上がった方が幾分楽だ。山頂から北東に延びる尾根は這い松もなく、30分余りで春別岳に着く。斜めに倒れかかった三角点に迎えられる。

何本かのピンクテープがあるだけの質素な山頂だが晴れていれば見晴らしは抜群だ。直ぐ東にはのっぺりとしたチロロ岳西峰と左奥に本峰がどっしりと構え、ペンケヌーシ岳の左奥には十勝連峰、西隣には恐竜の背骨のような鋭い稜線の無名峰が興味をそそる。

ganさんの眼《ガン》

下りは東面沢から二ノ沢へ下り、林道を使って車に戻った方が楽だ。1100分岐を右に取ると山頂直登となるが、筆者は未経験だ。

戸蔦別川八ノ沢1175の滝はベテランなら直登可能だ

K A M U I D A K E

神威岳 1756m

同名の山が道内にはいくつもある。
北日高の神威岳が一番高いが、
山座同定に苦労するほどその山容は目立たない。
単体でよりも残雪季に北東尾根ルートにある山として
その存在を知ることが多い。
沢ルートしては戸蔦別川支流カタルップ沢からが愛好者には有名だが
どっこい八ノ沢からもなかなか安易な遡行をさせてはくれない。
山頂から眺めたエサオマントッタベツ岳と北カールの迫り来る雄姿が強烈だ。

129

入渓地点
右岸は
テン場適地だ
・1087
・1015
800
・1296
スラブ状の岩盤には
気を抜けない
1100
1021までは何も問題はない
950
1100
カタルップ沢
・1348
1000
1021分岐
・1021
1250
この間は怒涛の
登りが楽しめる
1570
1200
高度感ある
ナメの始まり
登りで使っても
これほど楽しめる
沢は少ない
10分の
藪漕ぎ
最大の難所は
高巻きの判断が
鍵を握る
1680源頭
1350
神威岳
1756m
ここから見る南側の
エサオマントッタベツ岳
北カールは迫力満点
N
0
500
1000m
国土地理院2万5千図の129%
1600
697

神威岳 1756m

戸蔦別川八ノ沢ルート
林道を1時間15分歩く
·1214
·1001
900
800
604·
エサオマントッタベツ川
700
800
·999
◎1154
665·
·1129
残雪季に使う
北東尾根
·983
1200
·959
1150
488
1000
エサオマントッタベツ岳
へ向かう
·1193

■**ルート**：林道ゲート～戸蔦別川八ノ沢出合い～1021左俣～山頂　■**タイム**：7時間前後
■**地図**：札内岳　■**レベル**：難易度★★ 面白さ★★★ 体力★★★ 藪漕ぎ☆

●**アクセス**／伏美岳戸蔦別川六ノ沢左俣ルート(p.079)を参照。
●**温泉**／妙敷山ニタナイ川890左俣ルート(p.074)を参照。

高所恐怖症ならビビりまくりだ～

戸蔦別川《とったべつがわ》八ノ沢ルート

八ノ沢出合いまではピパイロ岳戸蔦別川782右俣ルート（p.116）を参照。八ノ沢出合いから1021分岐までは2、3の滝があるだけで平凡なゴーロ帯の歩きだ。左俣に入ってから先の1100から1550までの怒涛の登りには息つく暇がないほどだ。

1100からナメ滝が始まるが、急で突起が少ない登りだ。高度感十分で落ちたら怪我は免れない。ベテランでも慎重さを必要とする。1175で10mに満たない滝だ。岩を専門にやっているなら何のことはないが、それ以外は左から巻いた方が無難だ。そこからも急なナメ滝が次々と現れては遡行者を弄んでいるようだ。

（左）途中には懸垂下降に使った残置シュリンゲがある
（下）1021左俣に入った先からナメた岩盤が続く

伏美岳から見た神威岳（中央）

逆層気味の岩盤は全く気が抜けない

1395が一番の難所だ。周囲に崖が立ちはだかり、10mの滝は垂直で直登は難しい。その先にも10mの滝があり、二つまとめて高巻くが、このルート取りがこの沢の核心と言える。

右手前の枝沢状から上がり、左側の木をつないで更に上がる。中途半端にトラバースすると崖で行き詰る。二つ目の滝が下に見えるまで行き、トラバース気味に横断して二つ目の滝上に下る小尾根を使って降りるといい。試行錯誤しながらだと、ここだけで30

1395の直瀑が
一番の核心部だ

神威岳から見たエサオマントッタベツ岳と北カール。右端奥はナメワッカ岳

分はかかるだろう。ここからも一気の登りは続くが、決定的な難しさはない。登るに連れてピパイロ岳から戸蔦別岳へかけての稜線が視界に入り、その眺望には疲れを癒される。1515分岐は左右3：2の水量だ。右は深い谷間となり本流に見えるが、左は5mの滝となって水量が多い。左を取ると1540で水量が等しい分岐は右を進む。

1660は小さい分岐だが流量は同じだ。左を取ると1680で源頭となって、僅か10分もしないで山頂へ1mも違わずに着くはずだ。いきなり目に飛び込んでくるエサオマントッタベツ岳北カールと周辺の一連の山並みには感激することだろう。

山頂からの眺望はいい。
背後には幌尻岳が見える

ganさんの眼《ガン》

下りにカタルップ沢を使う方が時間はいくらか短いだろう。懸垂も数回あるし、下流のスラブ状の岩床には神経を使う。フェルトがしっかり残っている沢靴が必要だ。12〜14時間行動になるからゲートを朝4時には歩き出したい。

豊似川右俣の水の流れが源頭の近いことを知らせる

トヨニ岳北峰 1529m

冬も夏も山頂を踏むのに大変な労力を要する山だ。
本峰となる南峰よりも北峰がわずかに高い。
豊似川からは左俣からと右俣があり、前者は本峰へ、後者は北峰へ至る。
比較的気軽に行ける左俣に比べて右俣は中級者には上限となる難しさだ。
日高の数ある沢の中でも有数の名渓であるのは間違いない。

135

豊似川右俣ルート
この辺りから
延々と面白い沢が続く
800分岐
1張り用
テン場
30分の楽な薮漕ぎ
北峰
1529m
1000分岐
820の大滝は
右壁を慎重に登る
1150どんづまりは
高巻きで体力を使う
踏み跡がある
トヨニ岳
南峰
1493m
テン場
下山で使う左俣も
遅くまで雪渓が残る
0
500
1000m
国土地理院2万5千図の93%
N

しばらくは
歩き難い林道
入渓地点
474
二股橋
林内覆道
349
豊似川
広尾町
604
800
556
988
慶雲橋
891
豊似トンネル
ポン三の沢川
440
900
緑雲橋
732
早ケ瀬トンネル
877
北勝橋
1225
1151
956
野塚トンネル

■**ルート**：左岸林道～豊似川520入渓～1000右俣～山頂　■**タイム**：9時間前後
■**地図**：トヨ二岳　■**レベル**：難易度★★☆ 面白さ★★★ 体力★★★ 藪漕ぎ★

●**アクセス**／札幌から日高の浦河経由で4時間半かかる。天馬街道の野塚トンネルを抜けて2kmほどで左側に駐車場がある、その先にある二股橋を渡ったところの左に林道入口がある。1、2台なら林道出合いに停められる。
●**温泉**／野塚岳豊似川ポン三の沢ルート(p.106)を参照。

文句があるならこの沢をやってからだ

豊似川《とよにがわ》右俣ルート

　林道は草が被さり、石もあって歩きにくい。1時間強で520から入渓した途端に汚れなき水の美しさに感動すら覚える。水清くして魚棲まずだが、時折魚影が走る。535で二段5mの滝と深い釜が出迎えてくれる。545で右からナメた沢が入る辺りから両岸が狭まり、1400までの変化ある沢の始まりとなる。

下からは難しそうに見えるが簡単だ

　560で両岸の隙間は5mになり沢幅1、2mのゴルジュと函が繰り返される。胸までどっぷりと浸かり、釜をヘツリ、直登が続く。585分岐は左右に10m、5mの滝が合流し、本流の左俣を巻いて上がる。直ぐ先で深い釜と、10mの滝だが、雪渓が遅くまで残るところだ。ヘツルのは難しい。右岸のバンド伝いも先で行き詰る。泳いで滝下に行っても取り付きに苦労しそうだ。一旦10m戻り右から疎林を使って高巻くのが確実だ。

　すぐの分岐も10m、5mの滝が左右から流れ込みしぶきが舞う。左俣を左から巻いて上がると一旦沢は平坦になる。5mの滝を二つ越えると630から

ところどころに雪渓が残る

(上) 雪渓をくぐり抜けて枝沢から上がる
(下) 小滝中滝が断続的に出てくる

再び沢は狭くなり雪渓が待ち構える。スノーブリッジなら下を行くか、上を行くかは状況次第だ。慎重に判断してほしい。640で右から20mの細い滝が落ち込み、本流には底の見えない青緑色した釜を持った5mの滝だ。左の壁を攀じるが足元がちょっと頼りない。ヌビナイ川の七つ釜に似た場面も出てきて、あまりの楽しさにニンマリする。

675で縦横10mの滝を越えると時季によっては雪渓がしばしば出てくる。三段10mの滝の先、710付近でも遅くまで雪渓が残る。5mほどの滝が続くが、どれも難しくはないが、易しくもない。

再び雪渓が100mほど続き、775で20mの滝は左から巻くが、ここも雪渓の残り具合で対処が変わる。地図上で800に三俣がある。右俣は15mの滝となり、本流は五段30mの滝だ。すぐ上で左俣が入り込む。

左俣を進めばトヨニ岳南峰の北東カールへと繋がるが、最後の藪漕ぎが

820の20m大滝右壁は見た目ほど易しくはない

1150のどんづまりは右岸から大きく高巻く。

（上）北峰から見た手前右がトヨニ南峰、中央奥・十勝岳、左奥は楽古岳
（下）山頂にはテント1張りだけ可能だ

長そうだ。本流の先は20mの滝が二段連なり、この沢一、二の絶景だ。一段目は左から楽に登れるが、二段目は投網を打ったような繊細な流れを持っていて、右寄りの乾いた岩壁を登るが急だ。重装備もあるから相当な緊張感だ。場合によってはザイルだけ持って上がってもよいだろう。

さらにスラブ状の滑らかな岩盤に小滝が連続する。885で三段15mの滝は、三段目を右寄りに登るが、気が抜けない。再び雪渓が100m続く。1000分岐までは6時間前後かかる。右俣に入ると雪渓が続き1150付近で崖に囲まれたどんづまりとなり、正面と右から2筋の滝が崖を流れ落ちる。進む正面の右側の壁は一見登れそうだが、上級者向きだ。雪渓があれば滝の左側から取り付けるが、急斜面だから気は抜けない。体力を相当消耗し、滝上に抜けるまで30分はかかるだろう。沢はトイ状の細い流れとなる。グングンと高度を稼ぐが、小さい突起で微妙な岩盤は3点確保が欠かせない。

1300分岐は右を進み、1345分岐の右は涸れ、流れのある左を取るとほどなく源頭だ。1390の涸れ分岐を右に行き、1445まで沢形はある。最後の藪漕ぎは楽な部類だ。山頂まで30分もあればお釣りがくる。比類なき達成感を味わうだろう。

ganさんの眼《ガン》

8月上旬の遡行記録を元にしている。ところどころ雪渓が残るので、その処理次第で時間は大幅に変わる。山頂には一張り分のテン場がある。先客がいる場合は南峰まで小1時間かけて行かねばならない。下りは南峰からの左俣を使うと楽だ。

千呂露川二岐沢一ノ沢は深山幽谷の雰囲気にあふれる

FUTAMATA DAKE

二岐岳 1591m

この山の存在を知っている人はどれだけいるだろう。
国境稜線から外れた峰で、
山頂には山名板はおろかピンクテープの一つもない。
一部の沢屋だけがこの頂を知っている。
千呂露川と額平川からのルートがある。
沢自体の面白さは前者が優るが、後者のワイルドさもまた捨てがたい。

141

二岐岳 1591m

千呂露川二岐沢一ノ沢ルート
額平川ピラチシュウスナイ沢ルート
千呂露川
額平川
ピラチシュウスナイ沢
入渓地点
入渓地点
巨岩
10m垂直の滝
細かい
読図力が必要
小一時間の
薮漕ぎ
二岐岳
1591m
45分の
薮漕ぎ
920分岐
910分岐
この辺りから
核心部の始まり
一ノ沢
幌尻岳
登山口
N
0
500
1000m
国土地理院2万5千図の75%

■**ルート**：631北電ゲート～二岐沢一ノ沢650出合い～山頂　■**タイム**：5時間前後
■**地図**：二岐岳　■**レベル**：難易度★　面白さ★☆　体力★☆　藪漕ぎ★★

●**アクセス**／札幌からは3時間ほどだ。日高町の千栄地区の橋を渡った先直ぐで右折し、千呂露川沿いの林道を入る。国道から17kmで631分岐の北電ゲートに着く。駐車スペースは十分ある。日高北部森林管理署01457-6-3151　で事前にゲートの鍵を借りる。
●**温泉**／春別岳パンケヌーシ川北面沢ルート(p.126)を参照。

ピンクテープ一本すらない頂に立つ

千呂露川《ちろろがわ》 二岐沢《ふたまたざわ》一ノ沢ルート

黒光りする
岩盤に美しい

ゲートを抜けて北戸蔦別岳へ向かう林道を行く。三つ目の橋を渡った先100mで右から一ノ沢が流れ込む。一ノ沢の出合いは地味なものだ。入って直ぐの右岸に丸い石が堆積されているのは不思議な光景だ。以降20mほどのナメと鮮やかな緑の苔を除けばありふれた遡行が続く。720分岐を左に進んだ先の775から一気に沢の面白さが展開する。両岸の間が狭まり、小滝ショーの始まりだ。

790の10m弱の滝には倒木がかかり、左から巻いて上がる。黒っぽい岩は滑り易く注意は怠れない。840の5m滝にもヌルヌルの倒木がかかり、これを使って脇から直登すると直ぐにまた5mの滝だ。850で沢はどんづまりになる。5mの滝の先で20mの大滝が落ち込む様

秋の二岐沢は
紅葉が綺麗だ

850の小滝の先に
20mの大滝だ

さてどうやって登ろうかと
思案のしどころだ

は壮観だ。2筋の流れは下で一つになる。右筋は幅50cmで、主流は幅2mの帯となりレースのカーテンをぶら下げたようだ。10m左に離れたところにもか細い滝が流れ落ち、一見すると三俣のようだ。

大滝手前40mの左岸ザレ場を利用し高巻くが、掴まる木がないからズルズル滑る。滝上からも小滝が次々現れて興奮度100パーセントだ。5mの滝は幅30cmで、左の岩壁にはびっしりと苔が張りついている。910分岐の水量は等しい。左は5mの滝になり、右を取ると直ぐに920の分岐となる。左俣はゴルジュのような小滝が続き、そちらに行きたいような衝動に駆られる。右も7mの直登できない滝だ。こんなロケーションの中にいることで無

山頂までもう一息だ

人工物ひとつない山頂に立つ喜びは大きい

上の幸福感に包まれるだろう。

中間小尾根の左から右へ乗っ越すと、次の5mの滝は最後がちょっと微妙だ。水量の少なくなった沢床はナメになり、黒光りする岩盤が鮮やかだ。垂直に近い5mの滝はしっかりホールドがある。

1030分岐で本流のはずの右は涸れ沢となり、支流の左に流れがある。進むべきは右だが、ちょっと不安にかられる分岐だ。直ぐに急な10mの涸れ滝がある。これを越えると明瞭な沢形が続き、方角も地図の通りだ。以降一部で僅かな流れがあるが、涸れ沢が延々と続き、後ろを見ればチロロ西峰の肩が姿を見せる。

1310の涸れ分岐は地図では分からない。右に行くと1380でまた分岐だ。左ははっきりした沢形となり、右は中途半端な谷間となるが、右を進む。沢形は直ぐに消えるが、適当に沢形らしきものを繋いでいくと1460まではたどり着く。

この辺りから磁石を出して進路を真西にとる。ここからの藪漕ぎは初心者には辛いものだ。密集した笹と曲がりくねった潅木が体を引き止めて前進に時間がかかる。這い松も出てくるが、それでも山頂までの藪漕ぎは45分前後だ。山名板はおろかテープ一本すらないすっきりした頂からはチロロ岳から1967m峰、戸蔦別岳、幌尻岳、イドンナップ岳までぐるっと見渡せる。

同沢を下るなら途中2回の懸垂下降がある。ベテランばかりならザイルを出すこともないだろう。

ganさんの眼《ガン》

技術的には難しい沢ではないが、ちょっとした箇所で経験が必要だ。
1030分岐はしっかり読図したい。
1380からのルート次第で時間が左右される。
ザイルは30m1本持てば十分だ。

■**ルート**：ピラチシュウスナイ沢500出合い～山頂　■**タイム**：5時間前後
■**地図**：二岐岳　■**レベル**：難易度★ 面白さ★ 体力★★ 藪漕ぎ★★

●**アクセス**／札幌からは夕張市紅葉山～穂別町～平取町振内経由か、日高町経由で4時間ほどだ。振内から日勝峠側へ2kmほどの東側に幌尻岳登山口の看板がある。幌尻岳登山口を目指して林道を走り、国道から約30kmで駐車場となる。そこから先、車は通行止めになっている。
●**温泉**／春別岳パンケヌーシ川北面沢ルート（p.126）を参照。

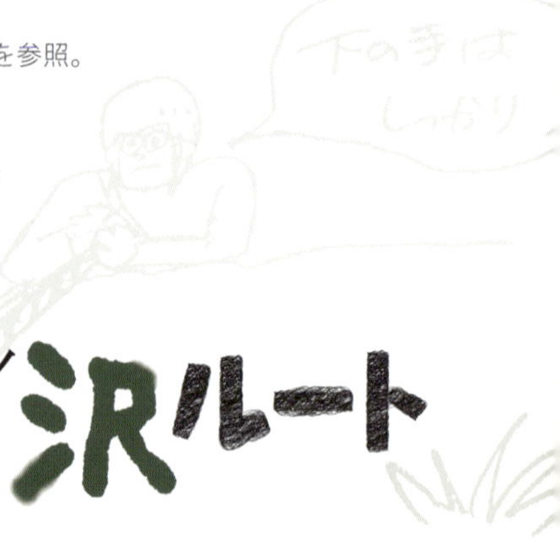

ワイルドな沢がオイラを呼んでるぜ

額平川《ぬかびらがわ》 ピラチシュウスナイ沢ルート

　ゲートをくぐり林道を5分歩いて道が屈曲するところの枝沢から額平川本流へ降りる。上流に100mも歩かずに右岸から入るのがピラチシュウスナイ沢だ。出合いは5mの滝となりこの先何があるのか想像をかき立てる。この滝は直登可能だ。

　直ぐに一枚岩盤の見事な流れだが、その先からは倒木が多く、処理に時間がかかる。680で両岸の幅が20mに迫り巨岩が出てくる。705で勢いのいい放射状の滝は右から容易に登れる。750は三俣の形状になっているが左右の水量は僅かだ。

　830分岐は水量がほぼ同じだ。左を取ると895でこの沢最大の難所を迎える。5mの滝は赤茶色の岩盤がひときわ目立つ。その先で10m弱の滝が垂直に落ちる。右の涸れた枝沢状か

（上）額平川に注ぎ込むピラチシュウスナイ沢
（下）小滝が早速歓迎してくれる

下りでは懸垂をする箇所もある

ヘトヘトになって
山頂にたどり着くだろう

ら取り付くが、ザレた急斜面にはバイルの出番だ。20m上がり本流へ乗っ越す。920の5mの滝は確保なしに登るのは無謀だ。あっさり左から高巻いた方がよい。940分岐は2：1と水量の多い左を進むと、970では小滝群が30m続く。緑とも青ともつかぬ岩盤に魅了されるところだ。1020で右から小沢が入ると1050分岐は水量が同じだが右を取る。一旦沢は伏流となるが、再び流れが出てくる。

1270分岐は左俣の水量が多いが、山頂に近い右を進む。1360分岐は左が開けているが取るのは右だ。1430で10mの大岩が分岐を作る。右に行くと後は適当に上に向かって藪を漕ぐ。山頂西の崖の間を縫うように稜線に出て、東へ向かうと山頂だ。這い松や潅木が行く手を遮り、小一時間の藪漕ぎは覚悟しよう。

ganさんの眼《ガン》

人跡の全くないルートだ。技術的には895の高巻きに注意する。細かい読図力を試されるルートとも言える。

避けて通れないうんこの話

正直に告白しよう。30年前山を登り始めた頃は山でのうんこを真剣に考えたことはなかった。ということは何処でもうんこをしたし、使った紙もそのまま放置していた。どうせその内溶けるのだからと安易な考えの登山者の一人だった。

幌尻山荘からうんこの入った一斗缶を担ぎ下ろすボランティアたち

それがいつからかあちこちの木陰に白い花が咲いているのが気になった。特にひどいのは当たり前だが登山者の多い山だ。日本百名山に数えられる羅臼岳や利尻山、幌尻岳などには本州からのツアー客も加わり、夏の賑わいは半端でない。

生理現象は老若男女誰にもあるから、必ずどこかで処理をする。休憩地点は歩き出して1時間毎が多いから大体同じ場所となる。ちょっと数歩脇に入れば悲惨な状態に誰もが目を覆う。羆や鹿のは踏んでも諦めがつくが、ヒトの糞は勘弁願いたい。被害者と加害者が一緒なところに事の深刻さが存在する。

思い余って「山のトイレを考える会」を有志数人と立ち上げたのは2000年だ。既に夏道登山から離れ沢専門になっていた筆者だが、放っておくわけにもいかない。

紙の持ち帰り、携帯トイレの使用、入山前のトイレ使用などまずはできることから呼びかけを始めた。マナーガイド、山のトイレマップを作り、山のトイレデーと称して毎年9月第一日曜に全道各地の登山口で啓蒙活動を続けている。山道でのゴミの投棄は驚くほど減ったが、紙の放置はまだ三合目だ。

山小屋のトイレも至急の改善が待たれる。夏にはぎゅうぎゅう詰めになる幌尻山荘にはバイオトイレが設置されたが、故障や処理能力の問題もあって十分には稼動していない。筆者も会員の日高山脈ファンクラブが主体となって毎年ボランティアを募り人力でし尿を担ぎ降ろしているが、それを知っている一般登山者はどれほどいるか。

登山ほど素晴らしいスポーツはないと思う。健康増進とストレス解消にも大いに寄与するのは疑う余地がない。せっかく与えられた北海道のこの大自然を登山者のちょっとした思いと行動で後世まで残せるとしたら、そこの貴方も一歩踏み出す価値はある。

何？　山ではうんこしない？　バリウムを飲んで行くという手もあるが誰か試してくれないかしら！？

山のトイレを
考える会の
HPはこちらから

http://www.yamatoilet.jp/

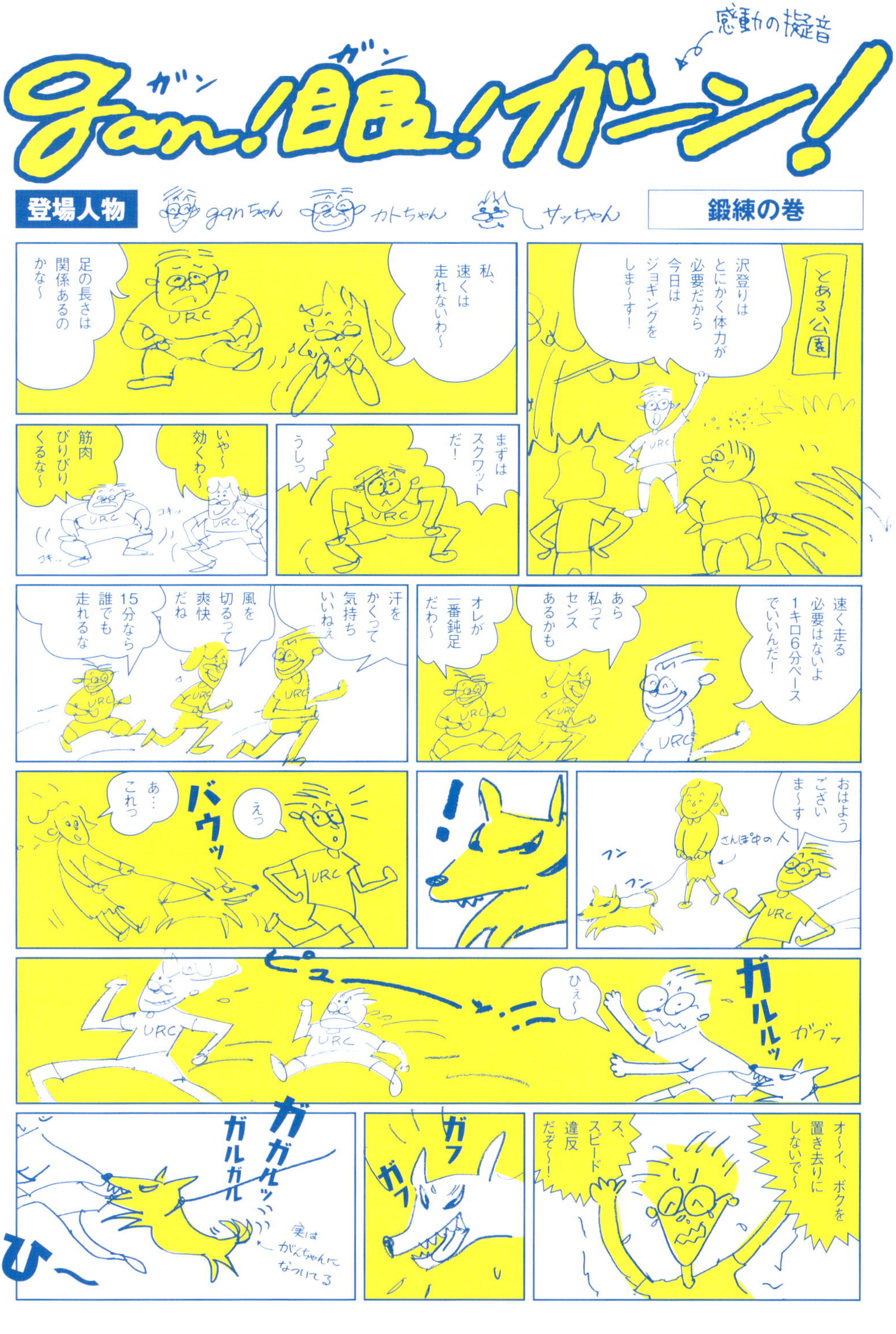
感動の擬音
gan《ガン》!頑《ガン》!ガーン!
登場人物
ganちゃん
カトちゃん
サッちゃん
鍛練の巻
とある公園
沢登りはとにかく体力が必要だから今日はジョギングをしま〜す!
私、速くは走れないわ〜
足の長さは関係あるのかな〜
まずはスクワットだ!
うしっ
いや〜効くわ〜
筋肉びりびりくるな〜
コキッ
コキッ
速く走る必要はないよ1キロ6分ペースでいいんだ!
あら私ってセンスあるかも
オレが一番鈍足だわ〜
汗をかくって気持ちいいねぇ
風を切るって爽快だね
15分なら誰でも走れるな
おはようございま〜す
さんぽ中の人
フン
フン
!
えっ
バウッ
あ…これっ
ピュ〜
ひぇ〜
ガルルルッ
ガブッ
オ〜イ、ボクを置き去りにしないで〜
ス、スピード違反だぞ〜!
ガフ
ガフ
ガガルルッ
ガルガル
実はがんちゃんになついてる
ひ〜

千呂露川三俣のテン場は快適だ。奥に左俣が見える

チロロ岳
本峰1880m 西峰1848m

北日高では一、二を競う人気のある山だ。
夏季には高山植物が咲き乱れ、特に西峰は花好きな登山者にはたまらない。
沢からのルートは片手で足りないくらいある。
どれも日帰りででき、帰路には夏道も使えるので便利だ。
初心者向きの沢が多いのも嬉しい。

国土地理院2万5千図の93%

■ルート：631北電ゲート～千呂露川取水ダム～870三俣右俣～本峰　■タイム：6～7時間
■地図：ピパイロ岳　■レベル：難易度★ 面白さ★☆ 体力★★★ 藪漕ぎ★★

●アクセス／二岐岳千呂露川二岐沢一ノ沢ルート（p.143）を参照。
●温泉／春別岳パンケヌーシ川北面沢ルート（p.126）を参照。

ルート次第で笑うか泣くか

千呂露川《ちろろがわ》三俣右俣ルート

631分岐から左の林道を1時間歩いて取水ダムに着く。ダム直ぐ上から左岸に渡ると踏み跡があり、5分歩くと右岸高くから繊細な流れの30mの滝が落ち込む。右岸に渡り踏み跡を行くと川原に出る。ここから2、300mは灰色の岩盤と豪快な小滝が見事だ。秋の紅葉の時季なら一段と見惚れてしまう。再び踏み跡をたどり三俣の手前で左岸に渡る。踏み跡を漫然と歩いていると三俣を見逃してしまうので右岸の谷間に注意する必要がある。

870三俣は通称の呼び方で左俣はしっかりした沢だ。そこから50mほど上流にあるのが右俣だが、いずれも本流の右岸から入り込む。その間に小沢もあるので間違わないようにする。三俣の林間にはよいテン場があるのでできればここで一泊したい。

右俣、左俣どちらを取っても山頂へ

取水ダムまで1時間の林道歩きだ

2、300m続く灰色の岩盤は見事だ

大きな滝はないが慎重に登ろう

初心者向きの滝が続く

分岐に来る度に
現在地の確認は必須だ

行けるが面白いのは断然右俣だ。右俣に入って暫くは変化の少ない歩きだ。985で5mの放射状の滝は右寄りから上がる。直ぐ先で幅10mの10m弱のがっしりした滝は左右どちらからでも直登できる。

1190で右から滝を持った沢が流れ込み、1300からは小滝が連なる。振り返れば徐々に1967m峰を始めとする稜線が目に入る。1350分岐は水量の多い左を取り、1430分岐の右俣は10mの滝となり、僅かに水量が多い

トラバースして隣の沢形へ抜ける

稜線へ抜けるまで後一息だ

広々とした山頂から奥には西峰が見える

が、左に進む。傾斜が急で一気に高度を稼ぎ出す。1500過ぎで三俣だが読図では難しい。左から1：3：2の水量で右は湧き出ているようだ。中を進むとトイ状の滝が断続的に現れ、楽しく登れる。5mの滝を越えると1585ではぼ源頭となる。1655の涸れ分岐は右を取るが、左の沢形は曖昧な感じだ。1680で沢形は怪しくなってくる。右隣りに沢形が見えるのでトラバースして入り、それを使えば1745まで苦労せず登れる。

右手に岩峰が見え出し、一部這い松もあるが比較的楽な藪漕ぎで山頂東の1830稜線に上がる。一旦北側に抜けた方が山頂までは楽に行ける。1745からは30分ほどで平坦な頂に着く。

ganさんの眼《ガン》

難しいところは全くない。但し詰めでルートの取り方を間違えると1時間はしっかり藪を漕ぐ。往路は西コルからの左俣を下るとナメがある程度で滝もなく楽だ。日帰りならフル1日の行動となるので早発ちしたい。

パンケヌーシ川二ノ沢西面沢ルート
夏道ルート
国道へ
パンケヌーシ川
曲リ沢
一般的なルートだが、
沢を登るところもある
入渓地点
二ノ沢
懸垂下降がある
870分岐
948分岐
1090分岐
1700から薮漕ぎ
チロロ岳
1880m
チロロ西峰
1848m
N
0
500
1000m
国土地理院2万5千図の93%

■ルート：二ノ沢林道～パンケヌーシ川二ノ沢右俣764入渓～1090左俣～西峰　■タイム：4時間半前後
■地図：ピパイロ岳･ペンケヌーシ岳　■レベル：難易度★ 面白さ★ 体力★☆ 藪漕ぎ★★
●アクセス・温泉／春別岳パンケヌーシ川北面沢ルート（p.126）を参照。

西峰直登は物好きルート

パンケヌーシ川 二ノ沢西面沢ルート

二ノ沢林道入り口にはゲートがかかっている。林道を歩くこと30分で764の小さなダムに着く。地図では分岐になっているが見た目三つの沢が合流している。左俣と中俣は上で繋がっていて、右俣はコンクリート床となっている。50m林道を戻り廃道に近い林道を行くとほどなく道は尽きて右俣に入渓する。

870分岐は左に入り、水量の同じ948分岐は右を取る。1055で2mが唯一の滝だ。狭い岩間を流れるそれは直登するには面白い。

1090分岐の左は涸れ沢となり、右はしっかりした流れだ。左を取るとグングンと高度を稼ぐ。1215で一旦流れが出るが直ぐにまた消える。1305で5mの岩が行く手を遮る。左から巻

沢自体に難しいところはない

948分岐を越えると水量は僅かだ

キンバイソウの咲く中の藪漕ぎだ

オオバミゾホオズキが咲いている

いて上がると分岐になっているようだが、明瞭とはいえない。大きく開けている右を進むと岩峰が見え出す。盛夏なら谷間にキンバイソウが咲き乱れるところだ。

1700まで沢形は続き、ところどころ這い松をかき分けて行くと山頂の南側に上がる。1700から山頂までは30〜40分ほどかかる。

下りは一般ルートを使ってもいいが、二ノ沢をそのまま下って764のダムに戻るのが面白い。滝やナメも楽しめ、懸垂下降もある。

ganさんの眼《ガン》

難しいところは全くない。西峰に直登することに価値がある沢だ。西峰から本峰までは1時間かかる。

額平川対岸すぐにペンケユックルベシュペ沢出合いがある

1082m峰

三角点もない峰に過ぎない。
千呂露川と額平川に挟まれて、北日高は二岐岳の西稜線上にある。
誰も見向きはしないだろう、こんな頂に至る沢。
正に探検そのものの面白さがたまらない。
沢は無尽蔵だ、を実感するのもこんなときだ。

額平川ペンケユックルベシュペ沢ルート
テープ一つない山頂
1082m峰
1時間の
藪漕ぎ
710分岐は
左に
5mの
ナメた滝
ナメた小滝
配車できれば
この沢を下るのも面白い
パンケユックルベシュペ沢
ペンケユックルベシュペ沢
太郎沢
上二股橋
取　町
額《ぬか》　平《ひら》　川
5m滝
「待避所」の
看板が目印
国道へ
幌尻岳
登山口
二股橋
N
0　500　1000m
国土地理院2万5千図の107%

■**ルート**：額平川ペンケユックルベシュペ沢455出合い～山頂　■**タイム**：2時間半前後
■**地図**：二岐岳　■**レベル**：難易度★　面白さ★　体力★　藪漕ぎ★★

●**アクセス**／途中までは二岐岳ピラチシュウスナイ沢ルート(p.146)を参照。地図上435の分岐から右へ2.7km幌尻岳登山口に向かい、左に「待避所」の看板があるところに駐車する。額平川に下りるとペンケユックルベシュペ沢が右岸から入り込む。
●**温泉**／春別岳パンケヌーシ川北面沢ルート(p.126)を参照。

こんな沢聞いたことな～い！ だからいいのよ

額平川《ぬかびらがわ》 ペンケユックルベシュペ沢ルート

額平川に下りるとペンケユックルベシュペ沢が右岸から入り込む。沢に入っていきなり5mの滝は左から慎重に上がる。その後しばらくは単調な歩きだ。620分岐は本流の右が僅かに水量が多い。直ぐの625分岐は水量

寒いときにはゴム製の便所手袋も役に立つ

(上) 初心者向きの易しさだ
(下) 水量の多い沢ではない

何と美しい
紅葉だろう

晩秋の沢遡行ほど魅力的なものはない

この程度の藪漕ぎはフ・ツ・ウ

が等しい。左を進むと直ぐに左から枝沢が入る。660付近からナメた小滝が続く。5mの滝上には倒木が重なり、僅か幅1mの釜には1mの華奢な滝だ。黒い岩盤に小滝が流れ、小さい沢には小さいなりの趣がある。710分岐は2：1と流量の多い左を取り、770分岐は左が正解だ。780の5mのナメた滝を越えると850で顕著な分岐はこころ持ち水量の多い右を行く。

890で右から涸れた沢が入った先の分岐を左に進むと930で沢形も尽きる。1時間余りの藪漕ぎは濃くない笹だが傾斜が急で、腕力が必要だ。テープ一つない山頂は幅1m、長さ10mで、高い木々があるものの何とも落ち着くところだ。

真北に春別岳、その東にはチロロ西峰が、さらに1967m峰、二岐岳と山座同定するのに時間を忘れる。

三角点もない山頂で腹ごしらえ

ganさんの眼《ガン》

藪漕ぎはしっかりあるが、難しいところはない初心者向きの沢だ。配車ができれば山頂からは西面沢を下ってもよい。林道までは2時間ほどで着く。秋の遡行をお勧めしたい。

沢登りに藪漕ぎがつきものなのは言を待たない。
中には楽古岳のコイボクシュメナシュンベツ川や、
野塚岳ニオベツ川南面直登沢のように殆どないものもあるが、それは希少だ。
草や笹、這い松など程度の差こそあれ原則藪漕ぎができなければ沢屋にはなれない。
元来藪漕ぎが好きな人は少ないだろうが、あの辛さ、大変さに喜びを見出す、
ちょっとおかしい連中もいるのは事実だ。
体力が有り余っている頃の筆者もまたその末席に座っていたのだろう。
過去の藪漕ぎの強烈さを挙げると
本書にも載っている知床ケンネベツ川からの東岳が筆頭だろうか。
積丹半島珊内岳の山頂西尾根や今金町のメップ岳西尾根もまたなかなかなものだったが、
不思議と日高の沢では思い出せない。
相当の体力自慢でも山頂に着いた途端に
ヘナヘナと座り込んでしまうほど体力を消耗するし、ときには裂傷で血も流す。
スネに傷を持つ男……と妙齢な女性に街中で言われてみたいが
トンマな顔には似合わない。

03
大雪山・十勝連峰の沢

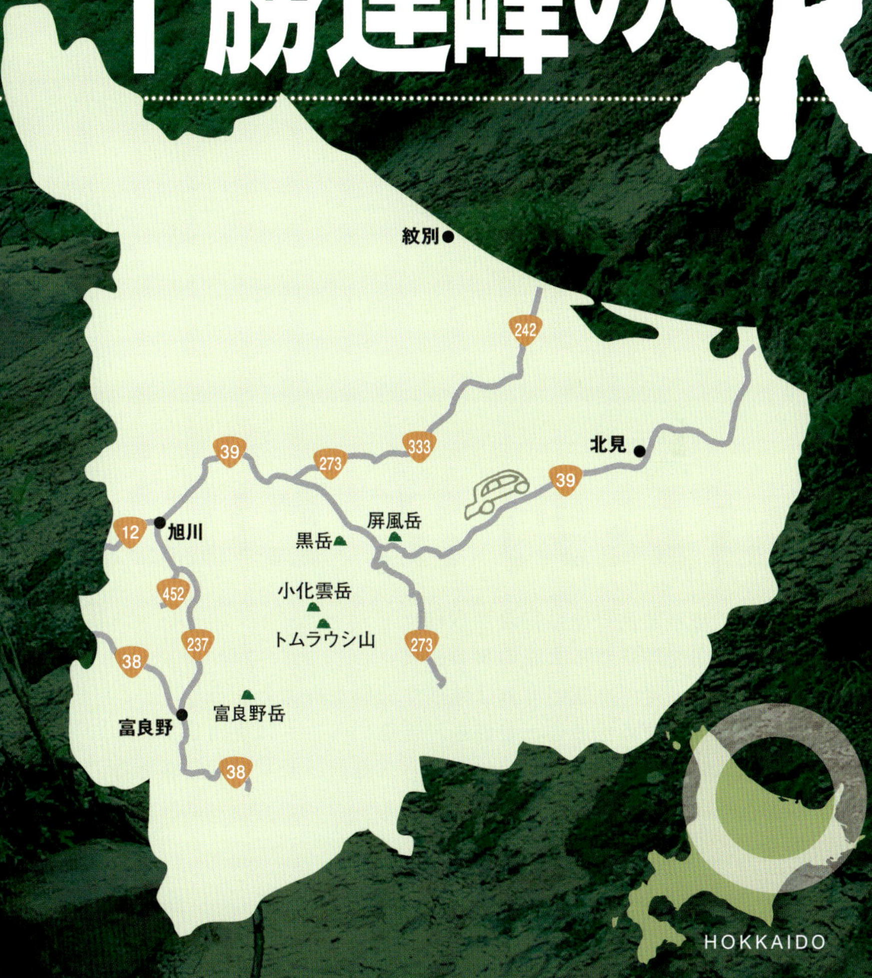

三峰山沢1450附近からの十勝連峰の雄大な眺め。左奥は十勝岳

F U R A N O D A K E

富良野岳 1912m

花の山である富良野岳は初夏から秋まで
多くの登山者が訪れる人気のある山だ。
三峰山沢は一度でも遡行すれば強烈な印象を与えるだろう。
次々と現れる滝もさることながら、岩盤の美しさは突出している。
その意味で沢屋にとって遡行対象からは絶対外せない沢と言える。
名渓と呼ぶのに遠慮はいらない。

三峰山沢ルート
夏道ルート
十勝岳温泉
国民宿舎
1224
1142
1087
1322
1522
1348
1250
1300
1450
1400
1502
1600
1650
1683
1746
1866
1640
1500
ヌッカクシ富良野川
三峰山沢
勝鬘《しょうまん》ノ滝
維摩ノ滝
法華ノ滝
上富良野町
40分のダラダラ
した廃道歩き
1170分岐
九重ノ滝
赤い岩盤の一気の
登りが続く
雄鹿ノ滝
雌鹿ノ滝
華雲ノ滝
1480分岐
ベテラン向きルート
左岸から湧き水
三峰山
一部細尾根だ
お花畑
富良野岳
富良野岳
1912m
N
0
500
1000m
国土地理院2万5千図の115%

■ルート：三峰山沢1000出合い～1170分岐右俣～山頂　**■タイム**：5時間前後
■地図：十勝岳　**■レベル**：難易度★☆ 面白さ★★★ 体力★☆ 藪漕ぎ★

●アクセス／札幌から岩見沢～三笠～桂沢湖～富良野経由で4時間かかる。十勝岳温泉の手前3kmほどで吹き上げ温泉との分岐があり、角にはホテルバーデンかみふらのがある。その手前50mの左側に駐車可能だ。沢へは向かいの右に入る道を行く。車が複数あるなら下山に備えて登山口に配車したい。なければ登山口から30分の歩きだ。
●温泉／吹上温泉白銀荘　10時～21時・600円　TEL.0167-45-4126

赤い岩盤に一度は誘惑されてみたいわ～

三峰山沢《みつみねやまざわ》ルート

　駐車場向かいの林道を入ると直ぐに三峰山沢に出合う。工事したてのような立派な砂利道がついているが直ぐに草藪の覆われた道になる。左岸沿いについた道を進むが、時季により先頭は露払い役でびっしょり濡れる。砂防ダムが幾つかあって、全て右から越える。1170の分岐までは40分余りかかる。大きく開けているのは左で、つい進みたくなるが、行くのは頼りない流れの右だ。

　入って直ぐの1185から長さ6、70mはある連瀑がある。地図にある九重の滝だ。左寄りから直登できるが、初心者はその高度感に痺れるだろう。場合によってはザイルを出す必要

1170分岐は広い川原だ

初心者には気が抜けない滝ばかりだ

どんづまりにある華雲の滝は右手前から高巻く

がある。ここから1420の華雲の滝まで迫力ある核心部が断続する。2、3mの小滝でもペロンとした岩盤に突起は少ない。

滝を見てはまずどこからどうやって登ろうかとしばし考え込むほどだ。熟練者にはほどよい面白さも、初心者にはハラハラドキドキの連続だ。お助け紐の出番が多くなる。特筆すべきは濃いピンクとも赤ともエンジ色ともつかぬ独特の赤系統の岩盤が続くことだ。それを見るだけでも遡行する価値は十分ある。

1420の華雲の滝は30m前後ある。崖に囲まれたどんづまりの景観も見事に尽きる。右手前から高巻くが、余り上がり過ぎないでトラバースするのが大事だ。先行者の判断で所用時間は左右されるが、15分余りで巻けたらベストルート取りだろう。

ここまで来たら後はのんびりと詰めるだけだ。後方には大雪山が遠望でき、直ぐ側には三段山から十勝岳へ

赤い岩盤がきわ立つ九重の滝

(上) 1480分岐左俣先の土手に湧き水がある
(下) 稜線手前の最後の詰めもまた心奪われる景観だ

山頂に着いた嬉しさで思わず標識に抱きつく

続く荒々しいむき出しの崖が続く。特に秋の時季なら紅葉混じりの絶景には言葉が出ない。

1480分岐は左俣の水量が多い。どちらをとっても山頂へは行けるが、右俣を取ると早めに山頂北の稜線に上がり、一部細尾根の険しい歩きになるのでベテラン向きだ。左を進むと左岸の土手4箇所から湧き水が出ている。清流だが金気臭がきつい。

1560分岐は水量の多い右を取る。1590分岐の水量は等しい。左を進むと山頂東の1830ポコ横のコルで夏道に出る。右を行くと1750付近で源頭となり、夏なら高山植物が咲き乱れる天国だ。先の稜線下は崖の帯になっているので、左へトラバースして夏道へ上がってもいい。右へ回り込んで山頂北の稜線にも上がれるが、一部慎重を期す箇 所がある。 それぞれのパーティーの経験、技術に応じて最後の詰めは変わってくる。

ganさんの眼《ガン》

花を愛でるなら7月、8月の遡行がいいが、沢にはまだ雪渓が残っていることが多い。沢自体を純粋に楽しむなら9月がお勧めだ。沢水は金気臭があるので、飲料には適さない。取水するなら枝沢からだ。

トムラウシ川ワセダ沢源頭を詰めて行く。山頂は左上の奥にある。

トムラウシ山 2141m

日本百名山のこの山はいまだに岳人憧れの存在だ。
トムラウシ温泉から短縮ルートができて以来、
夏の頂には登山者が鈴なりだ。
トムラウシ川からは難しいところもなく、
初心者が遡行するには丁度よい難易度だ。
地獄谷に泊まってのピストンが体力的にも楽でいい。
一旦雨が降ると渡渉は命がけだから天候の安定が必須となる。

169

トムラウシ川ワセダ沢ルート
夏道ルート
大　雪　山
（ヌタプカウシペ）
ヒサゴ沼へ至る
中級ルート
遅くまで
雪渓が残る
難しいところは
全くないルート
雄大な
詰めの風景
北沼
トムラウシ山
2141m
通称トムラウシ西沢は
中級レベルの面白さ
夏道ルート
前トムラウシ山
1649m
トムラウシ山
短縮登山口へ
0
500
1000m
N
国土地理院2万5千図の93%

トムラウシ山 2141m

■ルート：林道～トムラウシ川810入渓～1055左俣～1210左俣（ワセダ沢）～北沼～山頂
■タイム：1055まで5時間前後　さらに山頂まで5時間前後
■地図：トムラウシ山・五色が原
■レベル：難易度★ 面白さ★☆ 体力★★ 藪漕ぎ無し

●アクセス／札幌から日勝峠越えでトムラウシ温泉まで5時間、さらに温泉からカムイサンケ林道を進み短縮登山口の看板のある分岐は右に進む。後何箇所か分岐があるが轍のはっきりした方を行く。迷うような分岐はない。温泉から13km地点で林道は決壊しているので適当に駐車する。
●温泉／トムラウシ温泉東大雪荘　8時～20時・500円　TEL.0156-65-3021

温泉付きのキャンプは一泊何万円？

トムラウシ川 ワセダ沢ルート

時間があるならこんな遊びもできる

(左) 湯煙が見えたら地獄谷は直ぐだ
(右) ワセダ沢は初心者でも体力があれば遡行は問題ない

稜線下からワセダ沢を振り返る。

1時間林道を歩いて810の本流に出合う。入渓した先で左岸にある岩に蜂の巣があるので気を付けたい。外は1055左俣まで問題となるような箇所はないが、平常時でも水量が多く、慎重に渡渉するところはある。左岸に高さ20m、長さ100mの赤土の崖が出てくると1055分岐は近い。

分岐の右先でもうもうと湯煙の昇るところが地獄谷だ。温泉が湧き出る川原でのキャンプは最高の贅沢な一夜となるだろう。全国に地獄谷と呼ばれる場所は数あるだろうが、原始性と秘湯という点ではここが屈指かもしれない。折角なので湯あみを楽しんでもらいたいが、熱い湯が直接湧き出ているので火傷には気を付けたい。川原の床は電気カーペットを敷いたように温かい。夏ならシュラフカバーだけ持参すれば十分だ。

1055左俣は本流と変わらないほどのなかなかの水量だ。1150で右から結構な水量の沢が入るが地図でははっきりしない。1170、1190で右から沢が入るがいずれも左を進む。目線の遥か先の斜面には万年雪渓が見える。この雪渓を左から詰めて上がれば北沼で縦走路に出る。1210で左から入る地味な沢がワセダ沢だ。木々が被さっているから気をつけていないと見逃してしまいそうだ。

そのまま本流を進むとヒサゴ沼に抜けられるが経験者向きだ。ワセダ沢は小川に近く、幅1、2mで歩き易い。一面フキが食われているのは鹿の食べた跡だろう。1295から一気に6、70m高度を稼ぐところが難易度的にはこの沢一番だ。見上げるような小滝が続くが実際は難しいところはない。右岸の大きい岩は柾目を重ねたように何層

温泉付きの贅沢な地獄谷キャンプ

(上) 北沼の横にある石垣は休憩場所によい
(下) 山頂にある一等三角点　(右) 川原での足湯で疲れを取ろう

にもなっている。1340の5mの滝を左から巻くと、また直ぐに5mの滝だ。1mの小滝だが苔がびっしりと張り付いた様は目を奪う。

1390から再びゆったりとした緩やかな流れが戻る。再び先の斜面に雪渓が見え出して、1435の左岸のアチコチからは水が湧き出している。1465で突然伏流になるので水を汲もう。後方には沼の原の向こうに石狩岳を始めとする東大雪連峰が鎮座している。「キュンキュン」と時折聞こえているのはナキウサギの声だ。

1740で涸れ沢は分岐になる。ガスっているとつい左に行ってしまいがちなので注意したい。右を進むと後は雪渓左のガレ場を詰め上がるだけだが、石が不安定でなかなか難儀だ。素直に詰め上がるとドンピシャリと北沼横の縦走路に出る。石を積んだ空き地にザックをデポして山頂へ向かってもよい。ガスっていると岩場のルートは迷い易いのでペンキ印に気を払おう。15分前後で憧れの山頂に着く。

ganさんの眼《ガン》

初心者には絶対お勧めのルートだ。特に9月の紅葉時季は素晴らしい景観を楽しめる。
詰めの風景はそれだけでもう十分満足することだろう。トムラウシ川では釣りもできるが、食べる分だけいただこう。地獄谷に戻るなら4時間はかかる。配車できればトムラウシ山から夏道を下るのもいい。

ポンクワウンナイ川を詰め、遠くの十勝連峰を背に山頂への稜線を行く

PONKAUN DAKE

小化雲岳 1924m

化雲岳の北西にある山だが、縦走路から僅かに離れているため
意外と山頂を踏んだ人は多くない。
ポンクワウンナイ川からは難しさと美しさが伴う秀逸の沢と言える。
相当の兵《つわもの》で無い限り日帰りでの下山は無理だ。
泊まり装備でゆっくりと沢の真髄を味わうのがいいだろう。
また絶対行きたいな、と思わせるほどの魅力に富む。

小化雲岳 1924m

ポンクワウンナイ川ルート
夏道ルート
小化雲岳から
3時間半で天人峡に着く
巨岩帯
ポンクワウンナイ川
出合い
この辺りから
1300付近まで
核心部が続く
美　瑛　町
20m大滝は右岸から
大高巻きだ
30m大滝は右から
直登できる
10m滝が
一番の難所か？
右岸にテン場
このルートを使うと
早めに縦走路に抜ける
1480分岐
ミニクワウンナイ川の
ようなナメが美しい
滝の瀬十三丁で有名な
クワウンナイ川
雄大な詰めに
感動する
小化雲岳
1924m
いきなりトムラウシ山、
十勝連峰が視界に飛び込む
藪漕ぎも殆んどない
楽な最後
N
0　500　1000m
国土地理院2万5千図の55%

■ルート：右岸林道〜ポンクワウンナイ川586出合い〜1480右俣〜山頂
■タイム：12〜14時間
■地図：旭岳・トムラウシ山
■レベル：難易度★★ 面白さ★★★ 体力★★★ 藪漕ぎ☆

●アクセス／札幌からは4時間ほどだ。旭川から天人峡温泉に向かう。温泉手前の羽衣トンネルを抜けた先で天人橋を渡ると左に駐車場があるので、そこに停める。
●温泉／天人峡温泉しきしま荘　11時〜19時・700円・無休　TEL.0166-97-2141

やめられない、とまらない？ かっぱえびせん級の沢！

ポンクワウンナイ川ルート

駐車場の温泉寄りの向かいにある林道から入り、15分で586のポンクワウンナイ川出合いに着く。砂防ダムを３つ越えるまで右岸に林道跡が残る。しばらくは淡々とした遡行が続く。

柱状の崖がこの周辺の特徴だ。655で一枚岩の30mのナメだ。675で小滝二段の下に澄んだ水をたたえる釜がある。直ぐにまた2mの滝の下には幅5mの釜がある。700付近から巨岩が多くなり、ルート探しに時間がかかる。798の分岐まではそれでも緊張するような場面はない。この先からがこの沢の佳境が始まる。事前に地図を見ているだけでそれは容易に想像できる。

855で両岸の幅は10m弱になる。切り立った崖の奥に5mの滝があり、その先で左に曲がる。5mの滝は右か

798分岐の先から核心部が延々と続く

苔の美しさも秀逸だ

ら登れるが次の左に曲がった5mの滝は歯が立たない。右岸から巻いて越える。両岸の崖の高さは40〜50mはあるだろうか。柱状の岩がむき出しとなり、ここで地震にあったらと思うとぞっとするところだ。865の二股の左からは垂直12、3mの滝が爆風を伴って落ち込み、自然のクーラーを全開しているように涼味を感じる。本流の右を進むと890でエメラルド色した水の釜には吸い込まれそうになる。その上はゴルジュになって、クラクラするような光景に遡行の喜びを感じるだろう。

895で遂に両岸の隙間が4mになる。二段10mの滝だ。クラックを使えば直登できそうにも思えるが、重装備なら無理はできない。手前右から素直に巻く。小滝小釜の沢が延々と続く。おまけに石に張り付いた苔の彩りが沢の魅力を倍増させる。925で幅

この程度の滝は数知れない

3mの釜の上には逆くの字の長さ15m、高さ7mほどの緩めの滝だ。940で6mの滝は左から越える。950の函はヘソまで濡れる。965で3mの滝の上には3段20mの滝だ。下で投網状になった見事さで、初心者には全く気が抜けない箇所が連続している。

問題の985は5mの滝の先で20mの垂直な大滝が烈風と共に水柱を立てる。周囲の切り立った崖が安易な高巻きを拒んでいる。30m手前の右岸に踏み跡らしきものがある。ここの高巻きには相当な緊張感を持ってほしい。特に落石には注意したい。50m上がり、トラバースしようとするが、先でまた崖がある。更に上がって何とか滝上に降りるまで1時間前後はかかる。誰もが迫力ある高巻きに体力を消耗するだろう。

1045で滑り台のような10mの滝だ。下は釜になり、左にバンドが走る。足場を探しながらヘツリで釜を越える。1100で苔の付いた岩盤が釜を作り、疲れた頭と体の息抜きだ。1115では赤い岩床に目が釘付けとなる。1150で5、60cmほどの岩の隙間を這って抜けると、そこからゴルジュが始まる。

周囲の岩盤が板状を何十枚も重ねたようになっている。1160には30mの滝だが、右から直登だ。直ぐにまたソーメンを垂らしたような20mの滝だ。手前の右からだと高巻きが可能だが、落石が怖い。ここは一人づつ安全なところまで上がるのがよい。1200で右岸にちょうどよいテン場がある。

985の20m大滝は手前左から大きく高巻くが、1時間前後かかる

右から滝を越えるが
最後が要注意だ

1260で10mの滝だ。両側に張り付いた深緑色の苔が実に鮮やかだ。ここの越え方が一番の難所かもしれない。可能性があるのは左寄りの崖を登り、右にトラバースすれば滝上にある木まで行ける。下から見れば簡単なようだが、重いザックを背負って行くのは相当な緊張感だ。上で僅か2mのトラバースに冷や汗が出るだろう。パーティーなら後続者の引き上げにザイルを張る支点取りに苦労する。

左上には崩落しそうな岩もあるのでくれぐれも注意してほしい。経験者ばかりならあっさり越える滝かもしれないが、初心者がいれば小1時間はかかるだろうか。

直ぐに5mの滝があり、その上からはミニクワウンナイ川のようなふかふかの苔が付いたナメの始まりだ。何とも素晴らしい景観がここから1kmほど続く。先ほどまでの緊張感から解放されて、心身に安堵感を感じるだろう。1290で右岸の奥に平らな場所があり、テン場によい。沢から一段高く、多少の雨でも心配がない。

ここまでは10時間前後かかる。まだまだミニクワウンナイ川が続く。ナメがある。小滝がある。これでもかとクッション性豊かな苔付きの岩床が途切れることがない。

1305でスキーのジャンプ台の滝が

1260で滝の左
側を巻くが緊張
する場面だ

上流部はこんな絶景が続く

現れる。直ぐに二段10mの滝は中間が平らな踊り場になり、がっしりとした滝相を見せる。３～5mクラスの滝を数えるとキリがない。柾目の板を重ねたような岩が多くなる。1380で右上100mからか細い滝が入り込むと、その先で20mの滝だ。

　下からみたら簡単に登れそうだが、途中からは慎重に行かざるを得ない。平らな斜面は初心者にはちと辛い。1400で10m、直ぐにまた10mの滝が２本続く。２本目は右から上がるがちょっと微妙だ。1440で四段20mの滝だ。最後四段目の5mは四角ばった苔だらけの滝で、取り付こうとしても滝上に確実な手がかりがない。左から大きく高巻くがここも落石が怖いから、時間がかかる。上には更に5mの滝があり、まとめて高巻く。苔だらけの石が点在し、ゆったりした流れが源頭の近いのを教えてくれる。東には夏道がある稜線が見えている。

　1480で右から小さな沢が入り、本流の直ぐ先で、しっかりした分岐になる。早めに縦走路に出るなら左俣を取るが、小化雲岳に直接登るなら右俣

山頂手前で愛らしいコマクサがお出迎えだ

三角点だけの山頂は実にシンプル

を行くのがお勧めだ。右に進むと直ぐに開けた窪地が現れる。テン場には最高のロケーションで、花の季節ならこの世の楽園と思えるだろう。獣道がしっかり付いていて、遡行者を無料で道案内してくれる。

水量が同じ1600分岐は右を取る。北を見れば旭岳がドカーンとその荒々しい岩肌を見せ付けている。左手上に見えているのが小化雲岳だ。コンパスに時々目をやりながら、山頂南西のコルを目指して南東に向かっているのを確認しよう。1730で源頭になる。周囲を見れば雄大に開けた風景が、あるはずのない巨大なカールに似ていると思わせる。這い松を避けながら草地を進む。遂に這い松につかまるが、下は獣道となり10m先で草地に出る。再び這い松帯があるが、低いから苦にならない。20mも進まぬ内にコルから僅かに山頂よりの稜線に出る。

谷間の向こうに突如出現した黒い塊は巨大な牛が寝そべっているようだ。トムラウシ山をこの角度から見ることは滅多にない。その右奥に目線を転じれば、オプタテシケからの十勝連峰だ。三川台の広がりが大雪山の懐の深さを感じさせる。まさに雄大、絶景、視界100%の大雪山の真っ只中にいる。山頂までは這い松のない歩き易い稜線だ。山頂下でコマクサが数株揺れている。木々のない平らな頂には三角点があるだけで山名板もない。

天人峡温泉までは縦走路を使って3時間半ほどで着く。

ganさんの眼《ガン》

体力のある経験者ばかりなら1日で源頭までは十分抜けられる。高巻きがこの沢のポイントだが、落石には十分気を付けたい。ナメのダイナミックさは勝てないがクワウンナイ川より数倍もの変化があって面白さは圧倒する。

白水川1350の大滝の迫力に圧倒される

KURO DAKE

黒岳 1984m

いわずと知れた大雪山の主峰のひとつだ。
殆どの登山者はロープウエイを使うが粋に登るなら沢からだ。
白水川からは難しいところもなく、初心者向きだ。
途中メロンの滝に癒され、
最後のゆったりした詰めの風景は体と心の栄養剤になることだろう。
充実した日帰り遡行を楽しんでほしい。

白水川ルート
夏道ルート
林道を1時間歩く
白水川
30mメロンの滝
入渓地点
赤白の入り混じる
岩盤にあきない
高さ50mの逆層の岩盤
温泉が湧き出ている
1125から苔付きの
渓相に変わる
上川町
黒岳沢
30m大滝は右岸の
枝沢から高巻く
沢は1540から扇状に広がる
雄大な景色になる
苔のじゅうたんの
敷かれた別天地
黒岳
1984m
桂月岳
上川岳
凌雲
層雲峡温泉
層雲峡ビジターセンター
白蛇ノ滝
赤石川
0
500
1000m
国土地理院2万5千図の72%

■**ルート**：白水橋～白水川900入渓～黒岳石室～山頂　■**タイム**：5時間半前後
■**地図**：層雲峡　■**レベル**：難易度★ 面白さ★★ 体力★☆ 藪漕ぎ無し

●**アクセス**／札幌から旭川経由で層雲峡まで5時間くらいだ。層雲峡温泉の2.4km旭川寄りで右手にかかる橋が白水橋だ。ゲートがあるので交通の邪魔にならないよう国道脇に駐車する。

●**温泉**／層雲峡温泉黒岳の湯　10時～21時半・600円・冬季間は水曜定休　TEL.01658-5-3333

雄大な渓谷美が貴方をナンパする⁉

白水川《しらみずがわ》ルート

橋を渡って林道を歩く。白水橋から３号橋まではほぼ1時間かかる。橋から下をみると白濁の流れだ。橋の先で右に大きな滝がある。有名なメロンの滝は30mほどののっぺりした滝だが、流れが楕円形になっていて下で合流する。メロンというよりはラグビーボールに近い。実質林道はここで終わる。

少し歩いて900で入渓する。沢が濁っているのは上から温泉が湧き出ているからだ。ところどころで

メロンの滝の直登は無理だ

(左) 温泉がところどころで湧き出ている
(右) 初心者にはシュリンゲを出す場面もある

赤い岩盤歩きも魅力的だ

硫黄臭が漂う。苔の全くない沢はうっすらと濁った流れが続く。岩盤は赤と白が入り混じり、滝がなくても飽きることはない。980で左側の高さ50mの崖は逆そうとなる。

1000で左から40mものナメた滝が赤い岩盤の上を流れ落ちる景観にはドキッとする。1015で右岸に温泉が湧き出している。手を入れられないほどの熱い湯だ。その先で轟々と蒸気が上がる源泉が右岸の木々の奥にある。1125で分岐になる。水量は3：1で左の本流を行く。右俣は茶色の岩盤となる。ここから本流の渓相はガラッと変わる。苔むした岩がゴロゴロ続くと1130で5mの滝は左右に5mの大岩を従える。

1175の5m滝は手前に5mの岩があり放射状の流れが見事だ。1240で右から20mもの細い滝が流れ込む様も壮観そのものだ。1350で30mの大

1815分岐の苔の絨毯

雄大な景観に疲れも忘れるほどだ

黒岳の石室にはバイオトイレがある

黒岳への登山道。左後方に石室が見える

滝が現われる。豊かな水量の滝下には運がよければ虹がかかっているのが見える。空中にはミストサウナのような細かい霧が舞っている。有数の迫力あるそれは遡行者が近づくことすら拒否している。

本流の左には2本の枝沢が落ち込み三俣となる。一番左の枝沢から高巻くといい。ちょっと微妙な登りでは初心者へシュリンゲを出す。40mほど上がってから右へ乗っ越すと平らな湿地帯があり、鹿の休憩場所のようだ。滝上に降りるとそこから沢は開けてくる。1435で5mの滝が最後となる。右側上には岩峰のある稜線が屏風のように連なっている。1540で分岐となるそこは扇状に広がっていて、その壮大な眺めの中に大雪山の渓谷美が煮つまっているようだ。

左の本流を詰めると大きな岩も多く、ルート選択に神経を使う。1800付近から平らになったそこにはとうとうとした流れがあり、俗世間から切り離された夢心地の世界が広がる。それほどの安息感を覚えるところだ。右に凌雲岳、左には柱月岳の荒々しい岩肌が控えている。1815で本流と別れ、左の涸れた沢筋を行く。分岐付近は緑の苔が深い絨毯となって広場を作る。こんなところで昼寝をしたいと思うのはごくごく自然な思いだろう。右手の稜線沿いに行くと無数のチシマクモマグサの株が点在する。

分岐からゆっくり歩いても20分しないで石室に着く。黒岳山頂まではのんびり歩いても30分ほどだ。

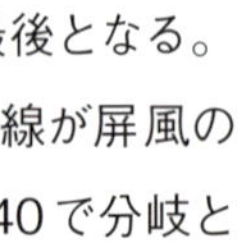

ganさんの眼《がん》

始めの林道歩きがちょっと長い。
難しいところはないが、大滝の高巻きでベテランがいないとルート判断に手間取るかもしれない。
大雪山の懐の深さや雄大さを体感できる沢だ。

ニセイチャロマップ第一川を行くと岩と岩の間は僅か数mだ

B Y O U B U D A K E

屏風岳 1792m

層雲峡温泉の東に位置する屏風岳に登山道はない。
一部のマニアだけに登られてきた山だ。
ニセイチャロマップ川の支流からは中級者でも十分な面白さで
決定的な難しさもない。
頂から眺めた大雪山は新鮮に映るだろう。

屏風岳 1792m

ニセイチャロマップ第一川から屏風岳ルート
屏風岳
屏風岳
1792m
滝がない下り
沢形終わる
伏流になる
15m2段の滝
核心部が続く
この間、滝や黒い岩盤で
あきさせない
1050分岐
ダレた歩きだ
930分岐
50mの大岩壁
上　川　町
ニセイチャロマップ第一川
ポンシラレナイ沢
ニセイチャロマップ川
国道へ
国道から5.1km
N
0　500　1000m
国土地理院2万5千図の115%
1700
1400
1150
1050
1100
950
1184
1522
1437
1433
1350
1385
1014
1034
1196
1005
1131
802
766
782
970

■ルート：ニセイチャロマップ第一川782出合い～930左俣～山頂　■タイム：5時間半前後
■地図：大函　■レベル：難易度★☆ 面白さ★☆ 体力★★ 藪漕ぎ★☆

●アクセス／層雲峡温泉までは黒岳白水川ルートを参照。温泉街の先にある新大函トンネルを抜けたところに駐車場があり、左から入るのがニセイチャロマップ川だ。左岸の林道を入って直ぐにゲートがある。2009年時点林道は工事中だ。上川中部森林管理署から事前に入林許可を取り、鍵の件は要確認だ。0166-61-0206　林道の5.1km先でニセイチャロマップ第一川が左から入る。地味な出合いだから注意しよう。50m先で本流を渡る橋を目印にする。適当に駐車可能だ。

●温泉／黒岳白水川ルート(p.186)を参照。

だ・か・ら、ウンチク語るよりまずは行くべし

ニセイチャロマップ第一川から屏風岳《びょうぶだけ》ルート

入渓して直ぐの砂防ダムを越えるといきなり6mのしっかりした滝だ。続いて5mのゴルジュ滝が現われる。二つ目の砂防ダムは右から高巻くが、急斜面は気を抜けない。10mに満たない二段の滝が狭い岩壁に挟まれている。早くも秘境を遡行するような雰囲気に心身への刺激を受ける。手前20mを左から高巻くと水量の少ない沢は小川歩きの渓相になる。

880で左から小沢が入り、正面には高さ50mもの崖が出て来て、遡行者に無言の圧力をかけているようだ。15mの滝が出てくる。四筋の流れがあるそれも威圧的な感じで気後れするほどだ。右寄りを慎重に直登する。

930分岐までは1時間ほどで着く。左俣には黄色のテープが付いている。地味でうっとうしい左を進んで990分岐は水量の多い左を取ると1030で左から小沢が入る。1050分岐は水量が同じだが、右俣を行く。930からのダレた歩きにいったいこの先に滝などがあるのだろうかとの思いが渓相から先

国道脇にある
大函の駐車場

15m滝は右寄りを登る

走る。それが杞憂に終わるまでそれほどの時間は必要ない。

1120で30mの階段状の岩が出てくると、1195で苔がびっしりと付いたトイ状の流れが妖艶な美しさを魅せる。遡行者の誰からも文句一つ出ないだろう。1225で小滝群が20m続き、最後の2mが微妙で面白い。上には下降に使ったシュリンゲが2本残置してある。1275の4mの滝は水流の脇を行こうにも足場に苦労する。

右から上がった方が楽だ。1300から3、4mの滝が続くがどれも簡単そうに見えてもちょっぴり難しいのが、中級者には何より嬉しい。直ぐに15mの二段の滝は二筋の流れを伴い、嬉々として登るところだ。ここの上にも誰が置いたかシュリンゲがある。1330で5mの滝が二段重なる。

1460分岐は左の水量は僅かで右を取ると、1475で伏流になるので水を汲もう。そろそろ疲れを感じる頃だ。沢形は読図の通り山頂下100mの1670まで続いている。

源頭からも1670まで谷間が続く

難しくはないが
全身を使って
登る滝が多い

山頂は這い松に
囲まれている

そこからの藪もそれほど激しくは無い。稜線直下の開放的な一帯はやすらぎを与えてくれる。最後僅かな這い松を漕いで屏風岳の頂に着く。三角点に木枠が取り付けてあるのは何かの造作物の名残だろうか。黒岳方面はもとより遠くに天狗岳や有明山、東には武利岳、武華岳、その左奥には支湧別岳も見えて山座同定を楽しみたい。

下山に東南面沢を使うのもよい。暫くは藪下降が続くが1200で本流に出合うまで滝はない。以降適度な滝や黒い岩盤も出て飽きることはない。林道まで３時間強で出られるだろう。

ganさんの眼《ガン》

20m以上の大滝はないが、3～5mクラスの直登可能な滝はどれもそこそこ手足の運びに慎重さを要求される。

北海道の沢登りは日帰りでも片道運転が３時間を越えることはままあることだ。
メンバーが決まったら行き先に応じて車の乗り合いを考えるが、
同時に運転をどう分け合うかも重要なことだ。
沢屋には総じて酒好きが多い。
充実した遡行の後で帰路の車中で酒が飲めるほど贅沢なことはない。
体の芯までしみ込んだ疲労と共に体中の毛細血管にまでアルコールが行き渡り、
飲むほどに饒舌になって車中は笑いの渦となる。
だからという訳でもないが一番歓迎されるのは下戸のメンバーだ。
帰りの運転は交代制だが、最後は下戸の出番だ。それも１、２回同行すると
下戸もそのつもりで来てくれるのが有難い。
全員が酒呑みの場合は誰かが犠牲になるほかないが、
持ち回りだから誰も文句は言わない。
前日移動の場合は宴会しながらキャンプ地へと走る。
筆者の主宰する「千呂露の会」はそんな沢屋の集まりだ。
会則も会費もない。
怪我と弁当は自分持ち。筆者と同行した人が自動的にメンバーとなるいい加減さだ。
金曜日の天気予報次第で行き先変更はいつものことだが、
毎週のように登山計画書を出される北海道警察は呆れていることだろう。
さて、そこの貴方も千呂露の会に入りませんか。
何？　相当イケる口？　だったらご遠慮願います。

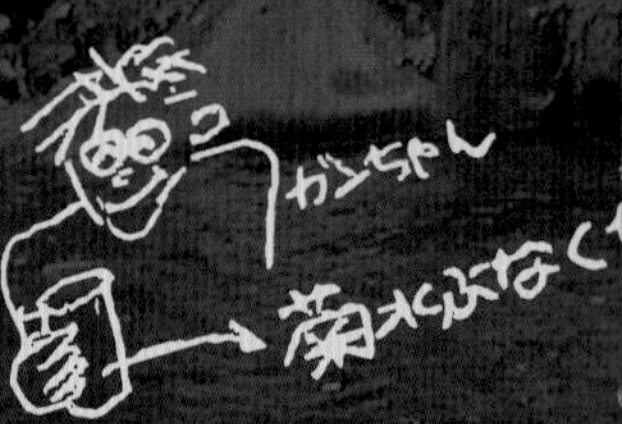

04

道東の沢

知西別川を詰めた羅臼湖の岸辺を歩いて遊歩道へ向かう

R A U S U K O

羅臼湖 735m

山頂へ詰めるルートではない。
知床半島にある羅臼湖を源にしているのが知西別川だ。
柱状節理の岩に魅了され、ダイナミックな滝の連続には歓声が途切れない。
溜まりに群れるオショロコマに知床の大自然を感じてほしい。
ああ、こんな沢詰めもあるんだな、と納得するだろう。

羅臼湖 735m

知西別川ルート
遊歩道
知床峠へ
天頂山
遊歩道を45分歩いて
国道に出る
見返り峠
望岳台
知床大橋
熊越の滝
翔雲橋
翔《しょう》雲《うん》川
羅臼町へ
羅臼湖
最後は小川のような緩い流れ
羅臼町
10m、20m滝で核心部は終わる
巨岩帯
360分岐
柱状節理の
崖とナメ
知西別川
小滝・小釜が連続する
240分岐
知西別湖
N
0
500
1000m
国土地理院2万5千図の60%

■**ルート**：知西別川50入渓～735羅臼湖　■**タイム**：6時間前後
■**地図**：知床峠･遠音別岳　■**レベル**：難易度★☆ 面白さ★★★ 体力★★ 藪漕ぎ無し

●**アクセス**／札幌から高速を使っても6時間はかかる。羅臼町の八木浜地区に知西別川が注いでいる。左岸の道を1.4km入った先に広場があるので駐車する。
●**温泉**／羅臼町から3km知床峠よりに熊の湯がある。朝5時半～7時頃は清掃・無料

柱状節理の岩盤で大根おろしする？

知西別川《ちにしべつがわ》ルート

　広場から10分余り歩いて50で入渓となる。広い川原歩きの先で砂防ダムを右岸から越えるとさっそく淵の出迎えだ。腰まで浸かりながら右岸をヘツルと165で分岐となる。

　知西別湖へと向かう左俣は30mの滝となり、設置ザイルが見える。羅臼湖への右は下で深い釜となり、3mの滝を濡れながら上がる。奥行き10mの淵は左をヘツルが微妙な足の運びを要求される。180の右岸は一面苔に覆われてうっとりするだろう。溜まりの中にオショロコマが群れとなっている中、砂利をコンクリートで固めたような岩を乗り越えて行く。

　185で30mのナメた岩だ。直ぐの分岐は本流の右の水量が左の3倍はある。240分岐は左の方の水量が多いが右を取る。250の淵は左のヘツリが楽しめる。270の分岐に来ると右は茶

広場に駐車して歩き出す

段々と谷間が
狭くなってくる

腰まで浸かって淵を行く

色の岩盤の6m滝で進むべき左は幅5m高さ10mの滝となる。左寄りから難なく上がると、そこはスキージャンプの踏み切り台のように平らになっている。その上からは小滝小釜が続き、全く飽きる時がない。

ノミで彫ったような丸くて深い釜も出てくる。300で10mの滝が出てくると、いよいよクライマックスの柱状節理の絶景が始まる。左岸に高さ4、50mの柱状節理の崖が2、300m続く。2m、3m、5mの小滝を挟んで、沢床も幾何学的なデコボコを持つ柱状節理のナメが延々と現われる。スケールこそクワウンナイ川には劣るものの、柱状節理のナメは十分対抗できるほどの魅力あるものと映るだろう。

340で柱状節理が終わると、360

この沢のハイライト。柱状節理の岩盤の始まりだ

(左) 趣きある渓流美には思わず万歳したくなる
(右) 巨大な砂防ダムを思わせる滝も出てくる

二股は左を進む。右には5mの滝がある。 ここからこの川のもう一つの名物、巨岩帯が姿を見せる。450の10m四方の滝は順層で瓦を積んだような独特の岩だ。直ぐに5mの滝が出ると次に5mのゴルジュの滝だ。

500で地図にない滝が右から入るが左俣の半分もの水量を持つ。その先から5mを越える巨岩が沢を埋め尽くし、まさに障害物競争だ。

ルートの取りかた次第で行き詰まるのもしょっちゅうだ。635で両岸が狭まり15mの岩壁となる。戦慄が走るとは少々大袈裟だろうか。4m、10mの滝は右岸を高巻くと、実質最後の難所は665の10m、20mの滝だ。左右どちらからも行けそうだが、左に雪渓があれば利用して高巻いた方がいいかもしれない。

705の5mの滝は二筋の流れとなる。その上からはゆったりとした緩い流れの中、蛇行を繰り返しながら羅臼湖へと向かう。歩き出してから6時間ほどで湖に着く。対岸高く突起した山は知西別岳だ。

右側の岸に沿って30分歩けば峠からの遊歩道に着く。さらに峠の国道まで45分かかる。

360からは巨岩帯に苦労する

ganさんの眼《ガン》

はるばる遠征しても決して後悔はしないだろう。技術的に難しくはないが、淵のヘツリは慎重さが必要だ。柱状節理を見るだけでも遡行する価値は十分過ぎる。

ショウジ川ルートは深山幽谷の雰囲気にあふれる

ルシャ山 848m

900m にも満たない山だが、その頂に立った人は稀だ、と思う。
知床・硫黄山の東にある山で、その名前すら初めて知る人も多いだろう。
ショウジ川からは一箇所難しいところがあるが、
後は最後の這い松漕ぎに汗を流す。
手付かずの大自然を堪能してほしい。

201

国土地理院2万5千図の139%

ショウジ川ルート
·352
·143
357·
·280
キキリベツ川
50
100
150
左岸の崖が崩落している
·347
ショウジ川
10m滝が連続する
赤い崖
白い崖
·396
キキリベツ崖
2.3
北浜覆道
オショロコマが群れる
·354
400
入渓地点
岩見橋
3.8
羅臼市街へ

■ルート：ショウジ川10入渓～635右俣～山頂　■タイム：6時間前後
■地図：硫黄山　■レベル：難易度★☆　面白さ★★　体力★★☆　藪漕ぎ★★

●アクセス／札幌から高速を使っても6時間はかかる。羅臼町市街から相泊方面に行き、知円別トンネルを抜けた先の岬地区から2本目の沢がショウジ川だ。岩見橋がかかっている。周囲に駐車可能だ。
●温泉／知西別川から羅臼湖ルート(p.198)を参照。

ぽっかり空いた山頂の応接間
ショウジ川ルート

石見橋の直ぐ先で砂防ダムがあり、乗っ越しはできない。橋の左手の踏み跡をたどり崖を10m降りて沢床に立つ。早速オショロコマの歓迎にあうだろう。しばらくは坦々とした流れだが両岸の崖が顕著だ。95の白い崖はペンキを塗ったようでひときわ目立つ。土色の岩床も新鮮だ。

(上) 狭い谷間の始まりだ
(下) エゾコザクラが可憐な姿を見せる

150で左から小沢が入ると右には30mの赤い崖だ。この辺りから佳境に入る雰囲気にあふれ出す。僅か2mの滝下に長さ10mの釜があり、赤い岩床が目に焼き付いて離れない。両岸の間は10mしかない。

175でお供えの餅を重ねたような岩があり、180で10mの滝が連続しているところが最大の難関になる。上級者以外は高巻いた方がいい。しかしその高巻きも楽ではない。左岸20m手

赤い崖がほどなく出てくる

180の滝は右手前から高巻くが慎重にしたい

目指すルシャ山まで
もうひと踏ん張りだ

山頂部にある空間は沢屋の応接間だ

前の疎林を繋いで上がるが、先行者はザックをデポして行くのが妥当だろう。二つの滝を巻き終えるまで小一時間はかかるかもしれない。相当な緊張感は覚悟しよう。

200付近の右岸は広くなり、左岸には大崩落した崖がむき出しになる。この真下を通るのは避けた方が賢明だ。220分岐は右を取り、245で巨岩を挟んで3mの滝がV字に落ち込む。直ぐに30mのナメが現れる。濃淡の差が激しい絨毯のような苔もまたこの沢の魅力を倍増させる。410分岐を右に進み、490では20mのナメの中間にノミで彫ったような小釜がある。自然の造形美には感心するしかない。500手前で迷い易い分岐には注意がいる。どちらも水量豊かで、読図では判断つき難いが、ここは左を進もう。

650分岐を右に取る。直ぐの5mの滝を二つ越えると涸れ沢になり以降難しいところは全くない。800を越えてから北に向かって藪を漕ぎ、山頂手前のコルに向かう。這い松漕ぎで体力を消耗するが、後ひと踏ん張りだ。コルの先から獣道らしきものがあり、これをたどると平坦な山頂に着く。直径2mほどの空き地の脇にひっそりと三角点が座っている。

ganさんの眼《ガン》

1時間の藪漕ぎは覚悟しよう。それでも登頂するだけの希少価値がある山だ。日帰り装備で挑める山だが、フル一日はかかる。180の下降は落石に要注意だ。650左俣も素晴らしい。涸れ滝が50mの高さで続くのに驚きを隠せない。1100付近まで沢形が続く。この辺りの沢床で泊まり、翌日ルシャ山に登るのもよいだろう。

平坦な東岳から見た右・知円別岳、左・羅臼岳の絶景

HIGASHI DAKE

東岳 1520m

縦走路から外れ、頂にはなかなか立つ機会がない山だ。
知床・知円別岳の東稜線上にある山で、平らな山頂は目立たない。
ケンネベツ川からの遡行は初心者向けの難易度だ。
但し最後の詰めが最大の難関だ。
体力に自信のある人は是非挑戦してほしい。

夏道は2009年時点で
通行止め
硫黄山
1563m
テン場から
硫黄山へのルート
はい松漕ぎ
1時間半は地獄だ
はい松漕ぎ1時間で
北の沢形に抜ける
東岳
1520m
知円別岳
1544m
楽な稜線歩き
第一火口の
テン場
イダシュベツ川
ルート
1枚岩盤の
白い涸れ沢
南岳
羅臼岳へ
モセミネ川
0
500
1000m
国土地理院2万5千図の93%
N

ケンネベツ川ルート
夏道ルート
20mの涸れ滝は
ザイルだけ持ち、上がる
羅　臼　町
伏流の始まり
15m大滝は
左岸を大高巻きする
すぐに
10m滝だ
ケンネベツ川
ショウジ川
チエンベツ川
ケンミネ川
岬町
P

■**ルート**：ケンネベツ川70入渓～山頂　■**タイム**：10～11時間
■**地図**：硫黄山　■**レベル**：難易度★☆ 面白さ★★ 体力★★★ 藪漕ぎ★★★

●**アクセス**／札幌から高速を使っても6時間はかかる。羅臼町市街から相泊方面に行き、知円別トンネルを抜けた先の岬地区から1本目の沢がケンネベツ川だ。建根別橋がかかっている。周囲に駐車可能だ。
●**温泉**／知西別川から羅臼湖ルート(p.198)を参照。

鉄格子の這い松に立ち向う勇気はあるか！

ケンネベツ川ルート

70まで左岸に林道がある。入渓後しばらくは変わり映えしない沢相が続く。465で15mの滝だ。周囲は崖に囲まれて左岸右岸とも大高巻きが必要だ。左岸の崖沿いに30m登り高巻くが、その先にも10m以上の二筋に分かれて落ちる滝が見える。二つまとめて巻くと3、40分を要する。一旦川原に降りてから二つ目を高巻いた方が時間の短縮になる。直径5mの釜の青さがひときわ綺麗だ。コバルブルーのそれはトムラウシ川西沢と双璧をなすほどだ。

高巻きの
ルート判断が重要だ

5mの滝が出る。左寄りから上がるがちょっと際どい。初心者にはザイルを出すところだ。直ぐにまた5m滝だ。さらにくの字の5m滝や、階段状の登り易い10m滝も出てくる。620でいきなり伏流になる。その後はチョロチョロの流れも出るが、汲めるほどではないから水を背負い込む負荷がかかる。

640で15mの滝だ。うっすらと水が流れる中間に祠のような窪みがある。650の涸れ分岐は右に進む。タ

465の15m滝は周りが
崖に囲まれている

コバルトブルーの清流にはうっとりする

(左) 重たいザックに一歩一歩を確実に登る　(中) この先で突如伏流になる
(右) 乾ききった沢床もまた風情がある

カネトウウチソウやアキノキリンソウが乾いた風景に花を添える。680で20mの涸れ滝だ。中間まではホールドはあるが、重たいザックではそこからが不安だ。ザックを置いて空身で上がり、ザイルをセットして一旦戻り登り返すのがいいだろう。

750でどん詰まりのようなそこには7mの滝がある。僅かな流れがあり直登はできないので左から巻く。

チングルマも
短い夏を謳歌
している

第一火口からイダシュベツ川の下り始め
背後は羅臼岳から続く稜線

イダシュベツ川は何回か懸垂下降がある

755からの沢は乾ききった石が不思議な異次元の世界を思わせる。ナメた沢が続く。一枚岩盤の白っぽいそれに乾いた黒い苔が付いた幾何学模様が遡行者には新鮮に映る。明るく開けた沢は巨岩も多くなる。870からは少し木がうるさい。再び開けた沢が続き、乾ききった谷間を詰めて行くのもまた至福のひとときだ。

1200までの開けた沢はその先で這い松帯に突入する。ここから稜線までは標高差250mだが、まさに這い松地獄が待っている。背丈ほどのはい松帯は鉄格子の牢屋の中にいるようだ。そのまま西に進んでも3時間前後かかるだろう。多少でも楽なのは真北に1時間、200mをトラバースして上の沢形に抜けるのがいい。1245から1400は楽だが、最後また1時間以上の強烈な這い松との格闘で山頂直ぐ北の稜線に出る。

相当の兵《つわもの》でも弱音を吐くかもしれない。三角点のない山頂からは爆裂した火口の対岸に硫黄山が見え、稜線の先には鋭峰の知円別岳がある。体力に余裕があるなら知円別岳西の第一火口で泊まりたい。東岳から1時間弱で着く。

ganさんの眼《ガン》

涸れてからの沢相が何とも趣に溢れる。しかしこの沢の核心部は稜線までの這い松漕ぎに尽きる。硫黄山に登るなら第一火口から40分ほどだが、山頂直下は落石の危険性が極めて高い。相当の緊張感を持って登ろう。2009年時点硫黄山からの夏道は通行が禁止されている。火口から続くイダシュベツ川を下るのも選択肢だが、ベテラン向きで数回の懸垂下降がある。火口から林道まで6時間はかかる。通るバスに合図すると知床自然センターまで乗せてもらえる。縦走路なら岩尾別温泉登山口まで5、6時間かかる。

第一火口のテン場と夕日に映える知円別岳

CHIENBETSU DAKE

知円別岳 1544m

一度の遡行で永遠に忘れられないほどの魅力に富む。
難易度もそれなりにある。
それだけに沢の醍醐味をぎっしりとテンコ盛りした贅沢極まりないルートだ。
最後の詰めでルート取りには苦労する。
知床の沢の中でもイチオシの一つだ。

夏道は2009年時点で
通行止め
硫黄山
1563m
テン場から
硫黄山へのルート
東岳
第一火口のテン場
知円別岳
1544m
短いが強烈な
はい松漕ぎ
夏道出合い
花園の広場
イダシュベツ川
ルート
開けた風景に
安らぐ
735の大岩壁
南岳
羅臼岳へ
モセミネ川
680分岐まで
5～6時間
ホカイ川
モセカルベツ川
30m大滝
オッカバケ川
0
500
1000m
国土地理院2万5千図の72%
N

モセカルベツ川ルート
夏道ルート
この間沢の醍醐味が
ぎっしり詰まる
キキリベツ川
ショウジ川
ケンネベツ川
チエンベツ川
臼　町
岬町
北浜覆道
知円別トンネル
茂瀬苅橋

■ルート：モセカルベツ川75入渓～1440縦走路～山頂　■タイム：11時間前後
■地図：硫黄山　■レベル：難易度★★☆　面白さ★★★　体力★★★　藪漕ぎ★★★

●アクセス／札幌から高速を使っても6時間はかかる。羅臼町市街から相泊方面に10km走り天狗岩トンネル先の茂瀬刈別橋がかかる川がモセカルベツ川だ。左岸の脇道に駐車スペースがある。
●温泉／知西別川から羅臼湖ルート(p.198)を参照。

数限りない滝に、もううんざり
モセカルベツ川ルート

右岸林道を20分歩いて入渓すると85で左岸に激しい崖崩れだ。10mの緩い滝の先で90からは両岸が狭まり険悪な入り口になる。背筋に悪寒が走る、という感じだ。

100で5mの滝が二段重なると、105でゴルジュ滝の手前は釜となり、股まで浸かって通過する。この辺りからナメた滝と釜が連続して早くもアドレナリンは全開するだろう。幅7、8mのナメ滝は白い投網を垂らしたようだ。一旦川原は広くなる。210で小

淵の脇を行く

腰まで濡れるのは当たり前だ

このクラスの滝が
次々出てくる

釜を微妙なヘツリで抜けると巨岩が多くなる中を小滝小釜が顔を出す。

260で滑り台のような10m滝が出てくると、次ぎの5m滝の下は釜になり左岸には巨岩だ。腰まで浸かって慎重に通過する。更に滑り台の10m滝が続く。次々と5mクラスの滝がひきも切らない。技術に合わせて直登や巻きを繰り返す。

390の30m大滝は一見難しそうだが左から直登可能だ。高度感抜群だから初心者にはザイルを出す場面だ。その上で左から10mの滝が落ち込み、底の見えない釜を持つ本流も8m滝だ。1m、2m、10mの滝の間にそれぞれ釜があり、10mは苔付きの階段状だ。

そこからは100mにも及ぶナメが現れる。右に深緑や黄緑の苔が上流へと敷かれ、踏んだ感触はマシュマロのようだ。460で幅10mの滝は左壁を登ると、直径10mの釜があり、さらに5mの滝が二段続く。

500で10m四方の簡単な滝を越えると

滑り台状の滝があり、さらにナメが続く。そのナメからは3本の愛らしい水柱が上がっている。545の5m滝は左からのヘツリも右直登もOKだ。100mものナメがまた続く。580で10mに満たない滝だが、右からの微妙な登りを強いられる。安全を期すなら左から巻く。

680分岐までは5、6時間かかる。水量4:1の左を進むと735で突如壮大なスケールの景観が出現する。正面に50m四方の大岩壁があり、右からは40mのナメた滝が落ち込んでいる。本流は左の5mの滝だが左から巻いて上がると、直ぐに20mの滝だ。問題は最後の5mだ。

ペロンとした岩にはハーケンが2本づつ、計4本が中間と上に打ってある。水流はルンゼ状を流れるが水圧がきつい。ここは残置ハーケンを借りて突破するしかないが、ちょっとビビるところだ。後続者は先行者をザイルで確保する。実質核心部はここで終わる。

以降開けた谷間が続く風景はクワウンナイ川の源頭に似ている。後方には目の前直ぐに根室海峡と国後島が見える。840で20mのトイ状の流れだ。左右にはウコンウツギが繁茂し、サクラソウもアチコチで楽しませてくれる。900から左右の滝

手がかりはあるが慎重さは欠かせない

惚れ惚れする渓流美に疲れを感じる暇はない

ナメと苔の風景に
癒される

735の大岩壁

雪渓の残る沢を詰めて源頭へ向かう

木がうっとうしいが少しの我慢だ。チングルマが見え出すと1070分岐までは直ぐだ。南向きなのに遅くまで雪渓が残る。分岐を右に詰めると知円別岳と東岳の稜線に出る。左を進むとまた雪渓が現れる。左右にチングルマとサクラソウの群落がそこかしこで幸せを感じる詰めだ。1180で5mの滝を越えて素直に進むと1315で花園の広場に着く。ゆったりと小沢が流れるそこは天国の庭かもしれない。

ここからのルートの取り方次第で明暗が分かれる。いくつか沢筋があるがどれも直ぐに行き詰る。下手に動き回ると体力を消耗する。左側の沢筋を行き、そこから西北西に向かって這い松を漕ぐと左上の沢筋に抜けられるので苦行僧のつもりで我慢の歩きだ。沢筋に抜けると後は藪漕ぎも殆どなく縦走路に出合う。知円別岳まではさらに30分ほどだ。

ganさんの眼《ガン》

中級者には限界に近い沢だろう。735の滝と1315からのルート取りが最大の難所だ。泊まりは知円別岳から硫黄山側に縦走路を5分行き、直ぐの左の涸れ沢を降りると第一火口に着く。最高のロケーションのキャンプ地だ。遅くまで雪渓が残るので水は取れる。

gan(ガン)!眼(ガン)!ガーン!

感動の擬音

登場人物 ganちゃん　カトちゃん　サッちゃん

悪夢の巻

カトちゃん野塚岳の沢楽しかったね
なんで俺んとこだけ蚊が飛び回るんだ〜!
ブーン
ボクの汗は臭いから
蚊も寄り付かないわ〜!
プン
プン
早く温泉に
入りたいよ〜!
三石温泉へ行こ!
あの滝すごかった!
コケもキレイだった!
コケティッシュ(笑)
三石温泉
いいい湯だな〜
ああ、早くビールが飲みたい〜
ちゃんと身体(からだ)洗うんだよ〜!!
サッちゃん
ハッ
ハイ〜
運転はオレがするよ!
エヘヘいつも悪いね〜
プシュ
すぴぴ…
寝てる
みんな寝たか…
ブブブー
あそぼっ!!
ガンさ〜ん
ん〜…楽しげではないナ…
んんん…
ギャ〜!!
えっ
スピ…
キュ
ど、どーしたガンちゃん
ク、クマが……大きくて……あそぼって……
クマと出会って
そ、そのクマが……
あ…夢ね…
でも…サッちゃんは
スピピピ…
寝てマス…

山頂の岩峰からは根釧原野が一望だ〜

クテクンベツ岳 995m

クテクンベツ岳？って何処にある山なんだろう。
地図上では 995m の名もなき峰で、地元でそう呼ばれているに過ぎない。
摩周湖北東の標津山地にあって、俣落岳の東隣にある。
初心者向きの沢だが、大滝もあって中級者でも十分楽しめる。
別荘と見間違うほど立派な西別小屋に泊まるのがお勧めだ。

クテクンベツ岳 995m

■ルート：林道ゲート〜クテクンベツ川430入渓〜山頂　■タイム：5時間前後
■地図：俣落岳・第二俣落　■レベル：難易度★ 面白さ★☆ 体力★☆ 藪漕ぎ★☆

●アクセス／札幌から高速を使っても6時間はかかる。弟子屈から中標津へ向かう国道243号線を行き、途中から開陽台を目印に進む。開陽台の南を東西に走る北19号線を行くと「武佐岳」「クテクンベツ滝」と書いた看板で左折する。数キロ先でゲートがある。
●温泉／弟子屈町にある温泉銭湯泉の湯がお勧めだ。13時〜21時・200円・火曜定休 TEL.015-482-2623

360度見渡せる岩峰に立つと悩みも忘れる！

クテクンベツ川ルート

入り口には立派な案内板がある

ゲートからはゆっくり歩けば1時間半でクテクンベツの滝巡りの立派な看板がある。笹が被った道を10分歩いて入渓地点だ。沢へ下る崖にはしっかりザイルが張ってある。水量の少ない歩き易い沢が40分続くと、いきなり沢はどん詰まりになる。周囲が4、50mの崖に囲まれたそこには地元の景勝地、クテクンの滝が20mの高さから飛沫を上げて落ち込む。カーテンのような水幕の裏側に回り込むこともできる。直登は無理なので50m手前の左から入り込む枝沢を50m上がり途中から笹の斜面を登って、50m平行に進んで北隣の枝沢から滝上に抜ける。

クテクンの滝から590分岐までがこの沢のハイライトだ。次々と現れる滝にはザイルが付いているから、初心者でも容易に越えることができる。経験者ならレベルに合わせて直登するのが面白い。クテクンの滝の先にある10mの滝は幅7、8mもあるがっしりとしたもので、左に設置ザイルはあるが、両脇から直登したいところだ。

黒い岩床のナメを歩く

クテクンの滝は噂通りの大滝だ

初心者にはたまらない面白さが続く

505で左から20m以上もある繊細な流れの沢が落ち込み、右の本流は5mの滝だ。

550でぞくぞくするような谷間を迎える。両岸の間は僅か1mほどになり手前に小さいが釜がある。ゴルジュの先には直登が無理な5mの直瀑だ。左岸にザイルがある。これを最初から使ってもいいが、経験者なら手足の突っ張りで釜上に抜けてから左岸に上がるのが面白い。

直ぐに5mの怒涛のように落ち込む滝だ。両岸のむき出しの崖が、沢の雰囲気に一味も二味も深みを付けているのが分かる。560で滝の合流する分岐だ。水量は左右2:1だが、右の10mはオーバーハングの岩から空中を割いて入り込み、左の8mも激しい迫力のままに二筋に分かれて合流する。

本流の左の脇にはしっかりザイルがあるが、経験者ならなくても行ける。565で5mの滝だが、これがまた遡行者の目を釘付けにする。落ち口では2mもない幅が、平らな岩の上で放射状に広がって下で5mの幅となり、真っ白い台形を作っている。さすがにここの直登は遠慮したい。

580で3mが、次に2mの小滝を越えると590の分岐となる。ここまでの往復だけでも十分元が取れる。クテク

垂直に近い滝の直登は絶対落ちられない

根室さんま祭りはさんま無料の大判振る舞いだ〜

豪華な作りの西別小屋は西別岳登山口にある

ンベツ岳には左を進むと直ぐにくの字の10m滝だ。ここにもザイルはあるが、できれば使わないで登るのが楽しい。直ぐの3mの滝は5mの幅を持つ砂防ダムのように見える。

これ以降滝は一切ない。平坦な沢幅1、2mの浅い流れの小川は点在する石が苔むし、朝陽を反射すれば趣が一層映える。日本庭園を散歩しているように感じるだろう。

655の分岐は水量が同じで左を進み、775分岐も水量が変わらない。左を取ると795、805で左から小沢が入る。810分岐の本流は右だが、赤布の付いた左を取る。この辺りではもう地図での分岐は確認できない。左は直ぐに伏流になり、涸れ沢が蛇行している。再び流れが出てくるがまもなく消える。880の涸れ分岐を左へ進むと900で沢形も尽き、薮漕ぎが始まるが楽な部類だ。

10分余りで山頂北の稜線に上がると、直ぐに這い松になる。これも低いからさほど苦にはならない。少し歩くと這い松の間に踏み跡らしきものがあるので利用しよう。

三角点もない995m峰の最高地点には二つの大岩が3、4m離れて鎮座している。南の岩が5cm高くは見えるが、いい加減な目分の話だ。赤やピンクのテープもなければ勿論、山頂標識などの人工物は皆無だ。自分だけの秘密の山に登ったような満足感を与えてくれるだろう。根釧原野が眼下に広がり、雄大さを実感できる。西隣には端正な俣落岳、その奥に西別岳と摩周岳が、北の方には斜里岳と東に海別岳も見える。至福のひとときだ。

ganさんの眼《ガン》

初心者向きの沢としては筆者の過去の中でもベスト10に入るだろう。道東の沢屋だけが楽しむのは余りに勿体ない。蛇足だが9月下旬に初日根室さんま祭りを楽しみ、翌日遡行のプランがイチオシです。

わからない事はganさんに聞け！

沢登り初心者
Q&A

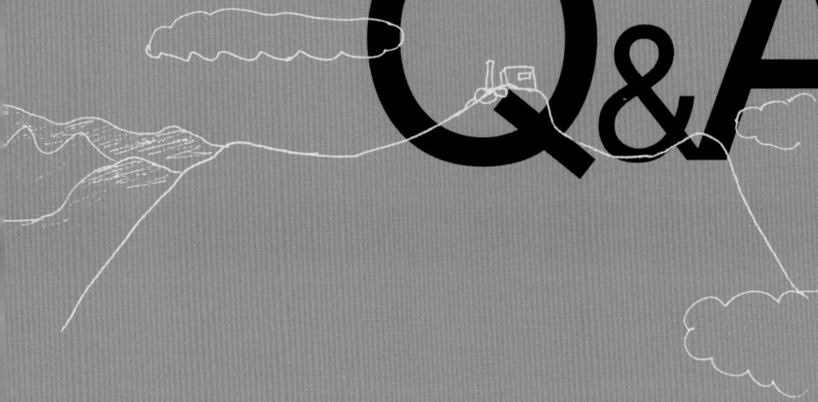

Q&A

Q そもそも沢登りってなんですか？

A 殆どの山には幾つかの沢の源頭があります。それが下流に行くにしたがって左右から枝沢が合流して小沢になり、それがまたいくつか集まってある程度の沢になり、大きな川になって行きます。石狩川や十勝川などの大河も全てが山頂下の一滴一滴の源頭から始まっています。沢登りとはその逆に下流から上流に向かって川や沢を詰め上がる行為をいいます。沢の中を歩くのは勿論のこと、途中にある滝を登り、ときに釜の中を腰まで浸かり、泳ぎ、次々現れる自然物を乗り越えて、最後は源頭から先で笹や這い松の藪を漕いで山頂に至ります。欧米にはない日本独特の登山方法の一つですが、最近では台湾などでも行われています。夏道のある登山とは違い、正しいルートというものはありません。遡行者が意図して歩いたところがあえて言えば道になります。

Q 沢登りの魅力ってなんでしょう？

A 常に変化のある沢の遡行そのものが最大の魅力です。沢には大きく分けて二つのタイプがあります。癒し系の沢と登り系の沢です。前者は変化そのものよりも苔むした石や岩、エメラルドブルーの清流、ナメた沢床など沢相に心が癒されるような侘び寂びに溢れるしっとりした沢で日本庭園を歩くような感じです。代表的なのは札幌岳と空沼岳の縦走路へ上がる豊平川蝦蟇沢や、室蘭岳とカムイヌプリの中間コルへの鷲別来馬川滝沢などです。登り系はまさに次々と現れる滝や釜を越えて一気に高度を稼ぐような変化に富んだ沢で、野塚岳南面直登沢や楽古岳メナシュンベツ川などが代表例です。癒し系、登り系混じりの沢もたくさんあります。行く手を阻む自然の障害をどうやって越えていくかを考えるだけで楽しみは倍増します。それが情報もない未知の沢の遡行ならなおさら興奮度は上がります。チームワークをいかに発揮するかも登り系の面白さで

しょう。経験やレベルに応じて直登か高巻きかをパーティーとして判断します。読図の面白さを味わえるのも沢登りの魅力です。沢の分岐に来る度に地図で現在地を確認し、行くべき沢を選択する。山頂に近づくにつれ僅かな等高線の窪みを見つけて進路を決める。ドンピシャリと山頂に着いたとき、リーダーは一人自己陶酔に浸ります。一般の登山者はまったく目にすることのできない源頭の雫には愛しささえ感じるでしょう。沢中でのキャンプは贅沢の極みといえます。焚き火を囲みながら釣り上げた岩魚の塩焼きに舌鼓を打ち、今日一日の遡行を振り返る。熱燗を飲みながら見上げた空には満天の星です。生きてきてよかったなあ、と思う瞬間は案外こんなときかもしれません。さあ、後の魅力は読者自身で見つけてください。

Q 一人でも行けるでしょうか？

A 普通の夏道登山なら初心者が一人でも行けますが、沢登りは地図を読めなければなりませんし怪我や事故の確率も高いので、単独では止めてください。周囲に経験者がいればまずは初心者向きのルートに連れて行ってもらうのがいいでしょう。いなければ山岳会や登山サークルに入るのをお勧めします。札幌なら秀岳荘やICI石井スポーツなど山用品専門店に各山岳会の会員募集のビラが張ってあります。店がない市町村では役場の観光課などに問い合わせすれば地元の山岳会を教えてくれるでしょう。プロのガイドツアーに参加するのも可能ですが、残念ながらクワウンナイ川など一部有名な沢を除いて沢登りツアー自体が多くはありません。

Q 注意することを教えて下さい

A 前述の沢の魅力で書いていることはそのまま沢登りの危険性の裏返しでもあります。とは言っても必要以上に恐れることはありません。自分の実力を見極め、力量以上で危ないと思ったら躊躇せずリーダーにハッキリと伝えてください。夏道登山との一番の違いは常に足元を含めて注意を払いながら遡行することに尽きます。濡れた石や苔むした岩など滑り易く、転倒などはよくあることです。滝や岩を登ったり、高巻いたりする時には滑落にも神経を使います。3点確保を常に意識してください。両手両足の内三つで体を支え、残り一つを動かしていくことです。岩や木、笹を掴むときにいきなり全体重をかけるのではなく、手である程度の力をかけて抜け落ちないかを確かめるのが大事です。経験上遡行中で一番危険なのは落石です。自分が起こす場合もあれば先行者からもらうこともあり、最大限の注意を払います。発生したら「ラーク!」と大声で周囲に知らせます。危険性が高いところでは先行者が安全帯へ抜けるまで間隔を空けて登る必要もあります。

藪漕ぎでは目の保護のためにメガネやゴーグルをかけた方がいいでしょう。事前の天候調査も重要です。短い沢や流域面積が狭い沢ならば一般的に1時間辺りの雨量が1～3mm程度ならそれほど心配はありません。5mm以上なら遡行を中止する勇気を持ちましょう。幌尻岳への額平川や大雪山のトムラウシ川、クワウンナイ川などは一旦増水したら手がつけられません。二日以上の予定では期間中の予報も気にかけましょう。虫の中でも蜂は大敵です。周囲をブンブンするときはむやみに手で払わずじっとしていることが大切です。羆対策には遡行者の存在を知らせるのが一番ですが、沢音もあり気付き難いです。筆者はターザンのように雄叫びを上げながら歩いていますが、万一遭遇しても慌てず相手を見つめましょう。過去20頭近い羆を見ていますが殆どの場合は羆の方で逃げてくれます。熊スプレーは有効ですが、相手が風上にいるときは自分も甚大な被害を受けます。体力を過信することはパーティー全体に迷惑をかけます。バテそうだと思ったら体面を気にせず早めにリーダーへ申告し、荷の分担を計ります。必要以上の余分な物を持たないことです。一部を除いた北海道の沢では他のパーティーに出遇う機会は皆無と思った方が

現実的です。その前提で事故を起こさないように細心の注意を払いましょう。

Q 沢登りのためのトレーニングは？

A 沢登りをするには体力を使います。それも夏道登山に比べると2倍以上は必要でしょう。僅か10mの滝の高巻きに30分かかることもままあります。岩を乗り越え、時に釜の突破に泳ぎます。極めつけは最後の藪漕ぎです。急登の中で笹や這い松、草などを30分も掻き分けて進めば体力の消耗は半端でありません。笹や木を掴んで体を引き上げるのもしょっちゅうなので握力、腕力も必要です。毎週のように山に行けるのならそれが体力作りになりますが、手っ取り早く体力を付けたいならジョギング（ジョグ）することをお勧めします。速さは必要ありません。ゆっくりでも構わないのでまずは15分から始めましょう。少し慣れたら週に3回の30分ジョグだけでも相当な体力が付きます。体力で★★以上の沢に行こうと思うなら月に100kmの距離を目安にすればいいでしょう。

終わりには腕立て伏せを欠かさないようにします。ジョグの時間が取れなければ通勤時間を使いましょう。地下鉄の2駅前で降りて歩くだけでも違います。少し重たいザックを背負えばさらに効率的です。エレベーターには乗らず階段を使い、エスカレーターではつま先だけ乗せてふくらはぎを上下するだけで下半身の鍛錬になります。特別な時間を取らなくても日常生活の中の工夫で体力養成は十分可能です。登攀技術習得のためには人工壁でのトレーニングが有効です。幸い最近あちこちにクライミングウォールが増えてきましたので一度やることをお勧めします。ザイルの結び方はここでは省略しますが、2mほどのザイルを持ち歩き、電車の中などで反復練習して下さい。懸垂下降の練習は必須です。

沢登り初心者

Q&A

Q 道具や服装は何が必要ですか?

必須アイテム

- □ ヘルメット
- □ 沢シューズ
- □ ネオプレーンソックス
- □ 指だし手袋
- □ エイト環
- □ カラビナ
- □ シュリンゲ２本
- □ スワミベルト（ハーネス）
- □ コンパス
- □ 高度計
- □ 地図（2万５千図）

ザイル（ロープ）

リーダー必需品

リーダーは当然ザイルなどを持ちます。登る沢によって長さが違うが、基本は8mmか9mmの20m、2本を。

ヘルメット

工事現場用でも可。筆者は自転車用のものを愛用。「菊水ぶなくち」シールはお好みで!

指だし手袋

綿製の軍手よりも化繊物で手のひらにゴム引きのものがグリップ力があり、耐久性もよい。

バイル

つるはしの小型のようなもの。未知の沢に行くときは必需品。情報もない未知の沢では高巻き用にバイルも必要です。

シュリンゲ

ザイルで作った1mほどの輪。一人2本は用意しよう。

こんな縛り方がある

ダブルフィッシャーマン

八の字

裏ワザ!!

カラビナはこうするとロウソク立てにもなる。

カラビナ

ザイルを繋いだりするのに必要。安全環付きを入れて最低2個は用意しよう。

スワミベルト

腰に巻くベルト。ザイルを結んで安全を確保したり、エイト環を使うのに必要となる。

エイト環

懸垂下降するときに使う。

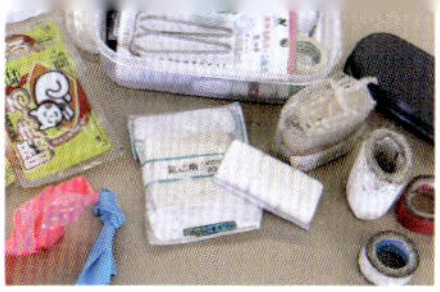

薬品や粘着テープ、スペアの眼鏡も忘れずに

ザック

ザックも沢専用がありますが、普通のザックでも十分です。漬物用の大型ビニール袋を中に入れて濡れないように工夫します。

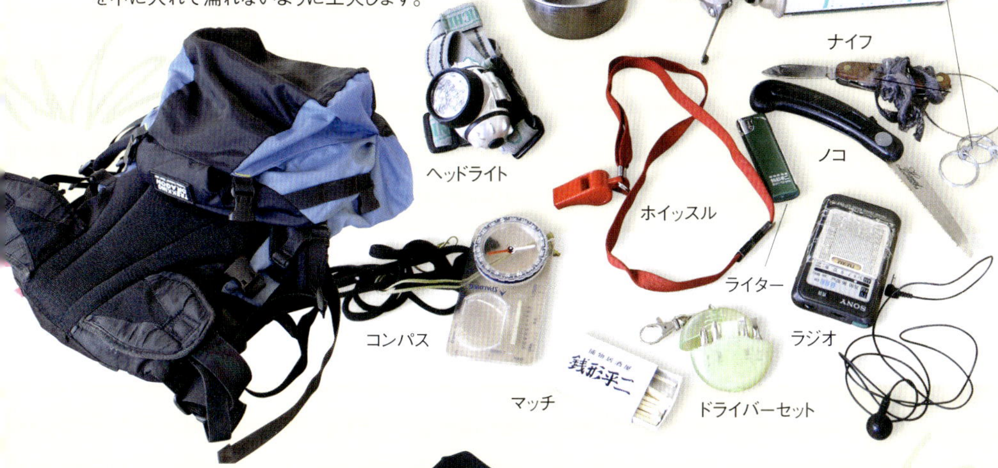

衣類

沢登りは濡れるのが前提のスポーツです。山用品の店には速乾性があって水はけのよい下着や上着、パンツを売っています。筆者の経験上衣類にあまり神経質になる必要はありません。綿以外の化繊物であれば学生時代に使ったジャージや野球のユニホームなど、丈夫で泥がついたり破けても惜しくない古着で構いません。一度の藪漕ぎで裂けるのもしょっちゅうです。万一全身が濡れたときの寒さに備えて冬山用の下着などを予備に持ちましょう。

シューズ

下りで夏道を使う場合は替えの運動靴や軽めの登山靴を持てばいいでしょう。そのままで下山する人もいますが底がフェルトの沢シューズは急な夏道では滑り易いので注意が必要です。沢シューズについてもう少し説明します。裏がフェルト底の沢シューズを使う人が圧倒的ですが、最近はゴムの吸盤のようなものが付いたシューズもあります。外にフェルト付きの地下足袋、ゴム底の地下足袋とワラジの旧来型、スパイク地下足袋と数種類あり、それぞれ一長一短です。無難なのはフェルト底の沢シューズですが、値段も違い経験者や熟知した店員さんに相談して下さい。

沢用語

【川・沢】

正確な違いはありませんが、経験上幅10m以上を川、以下を沢と称することが多いようです。

【右岸・左岸】

沢の上流から下流に向かって見たときで、右俣、左俣は下流から上流に向かってです。単に右、左は進行方向に対してになります。

【二股･二又･二俣･分岐】

二つの沢の合流点を二股、二又、二俣、分岐などといいますが、本書では分岐に統一しています。

【支流･小沢･枝沢】

本流に注ぐ沢。支流、小沢、枝沢に厳密な差はありません。

【滝つぼ（釜）】

滝の下にある深い水のたまり。滝つぼと釜は同義語です。

【ナメ（滑）】

平らな一枚岩の緩い傾斜の流れ。

【伏流】

表面に出ない流れ。

【涸れ沢・涸れ滝】

流れのない沢や滝。

【小滝】

大よそ5m未満の滝

【函･ゴルジュ（のど）】

両岸が縦に迫った深い流れのところで、それが狭く急な流れをゴルジュ（のど）と呼びます。

【淵・瀞】

沢が深く淀んでいるところで、緩い流れの淵が瀞です。

【ルンゼ・チムニー】

縦の岩の溝をルンゼと言い、狭いルンゼをチムニーと称します。

【ゴーロ・巨岩】

ゴーロは石が堆積しているところで、特に大きな石を巨岩と言います。

【ガレ場】

ガレ場とは角張った石の堆積しているところで、ガレとは石そのもの。

【ザレ場】

ザレは小さい岩粒で、ザレ場はそれの場所を指します。

【スラブ】

スラブとは突起のないつるんとした岩です。

【バンド】

岩壁の横に走る棚。

【リス】

岩と岩の合わさったところ。ここにハーケンを打ちます。

【源頭】

沢の始まりのところ。

【藪漕ぎ】

藪漕ぎとは沢の形状（沢形）がなくなってからの笹、這い松、潅木、草などの藪を歩くこと。

【詰め（ツメ）】

通常沢の後半付近から山頂までを言いますが、厳密ではありません。

【高巻き（巻く）】

高巻きは右岸、左岸から沢を離れて巻いて上がることで、単に巻くとも言います。

【草付き】

草の生えている斜面。

【ヘツル（ヘツリ）】

岸の僅かな岩の足場を伝って行くことで、ヘツリとも呼びます。

【尾根･リッジ･稜線】

尾根、リッジ、稜線は同義語で、その細いものをナイフリッジと言います。

【コル（鞍部）】

ピークとピークの間の低いところがコルまたは鞍部です。

【空身】

ザックなど荷物を持たないこと。

【デポ】

ザックなどを置くことです。

【懸垂下降】

ザイルを利用して安全に下降する方法。

【確保】

ザイルなどで身の安全を計ること。

【テン場（幕営地）】

テントを張る場所で幕営地も同じです。

【トラバース】

斜面を横切ること。

【ビバーク】

緊急に山の中で泊ること。

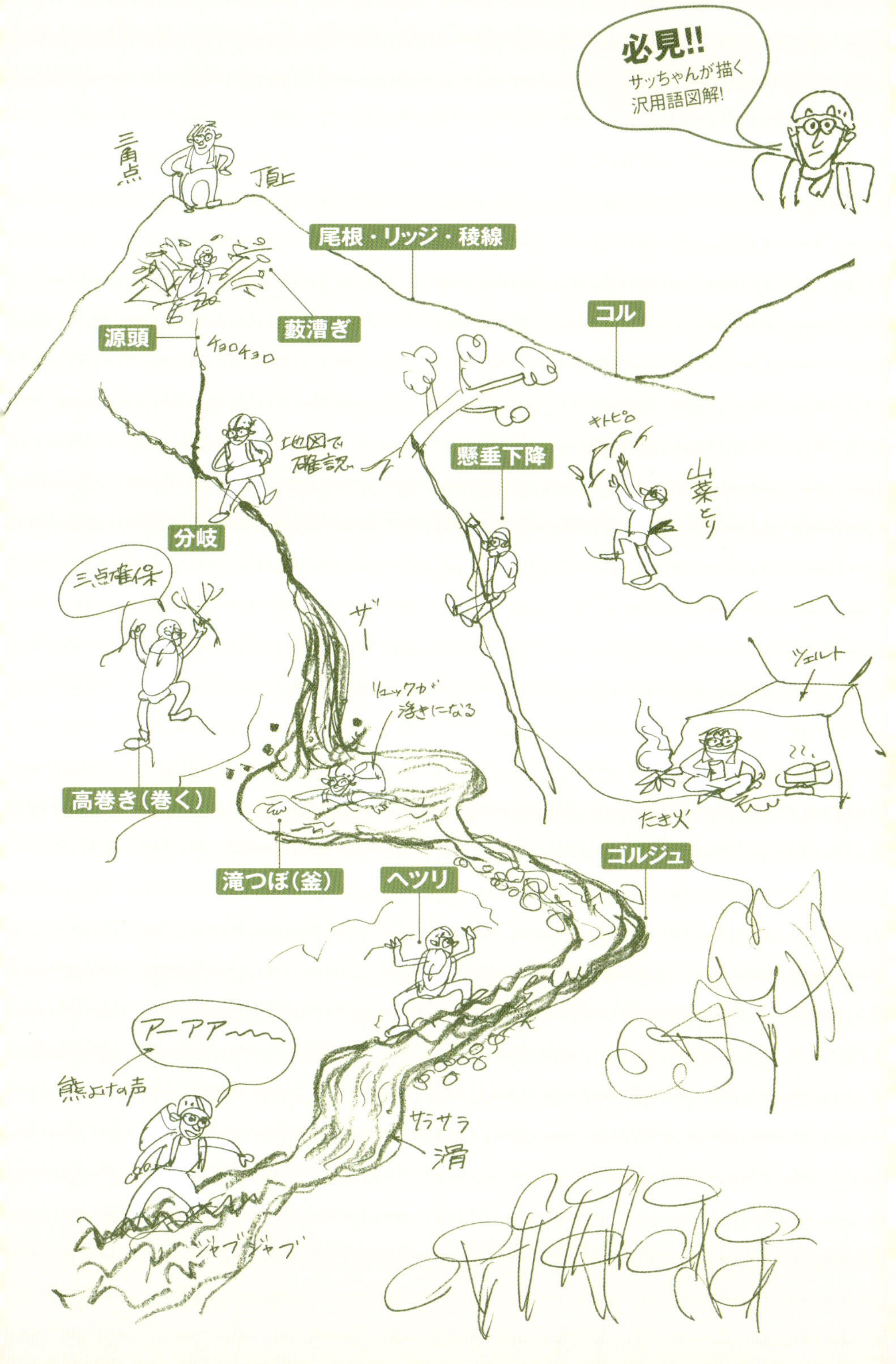

必見!!
サッちゃんが描く
沢用語図解!
三角点
頂上
尾根・リッジ・稜線
藪漕ぎ
コル
源頭
キョロキョロ
地図で確認
懸垂下降
キトピロ
山菜とり
分岐
三点確保
ザー
リュックが浮きになる
ツェルト
高巻き(巻く)
たき火
滝つぼ(釜)
ヘツリ
ゴルジュ
アーアア〜
熊よけの声
サラサラ
滑
ジャブジャブ

コイボクシュメナシュンベツ川を詰め楽古岳に上がる。山頂手前にて

右俣か左俣か、人生の分岐点にて

後書きに代えて

残念ながら初めて遡行した記憶は曖昧だ。今はもうダムの底に沈んだ定山渓の奥にある神威岳への木挽沢かもしれないし、漁岳への漁川、或いは室蘭岳裏沢の可能性も捨てきれない。20代半ばだった筆者は仕事のストレスを山で解消していたものだ。地図も読めずただ経験者の後を追うだけの「金魚の糞」遡行だったことだけは覚えている。いつからこれほど沢登りに没頭するようになったのかも思い出せない。気がつくと毎週のように沢にでかけていたのだ。ふとしたきっかけで朝のジョギングを始めた筆者の体力は無尽蔵に蓄積されていたから、人一倍の荷を背負い、ときに単独で無謀とも思える登山を始めた。最初は誰もが知っている有名な沢を歩いていた。カムイエクウチカウシ山へ至る札内川八の沢カールでは羆の先客がテン場を占領し、しばらく傍観していたが、ついに声をかけて追い出してしまった。申し訳ないことをしたものだ。その内に自宅で地図を眺めては名も無き谷間を見つけて遡行ルートを設定するようになる。過去数百回に及ぶ遡行の中では一生忘れられない事故も経験している。恥を忍んで白状しよう。十数年前に千呂露川からピパイロ岳に上がったときに、 復路で1967m峰からの千呂露川二岐沢の源頭下で5m滝下に滑落した。ザイルで結ばれた相棒のSが腰骨を折り、筆者もあばらを3本折った。救助のために未知の

山用品の店では様々な情報が得られる

沢の友と酒を酌み交わす夜は時間を忘れる。狩場小屋にて

沢の下降はザイルをしまう暇がないほどで、日高町の駐在所に駆け込んだのは9時間後の深夜だった。翌朝救出されヘリから下ろされたSを見て嬉しさと後悔混じりの複雑な涙が止まらなかった。つい昨日のこととして思い出される。筆者もSも慣れという慢心ゆえの人災だった。それでも沢は止められない。それほどの魅力にどっぷりと浸かってしまった。
最盛期の頃に比べると半分以下の体力になりつつある。朝のトレーニング量も3分の1に減ったが、それでも週末が近づくと天気予報が気にかかるのは変わらない。
沢の分岐に来る度に地図を取り出し、行くべき沢を選択する。それはあたかも筆者の人生そのものを試されているかのようだ。滝を高巻くのも藪を漕ぐのも人生という長いルートの中ではよくあることだ。沢登りに絶対的な正しい道というのがないのもまさに人生そのものと思うこの頃だ。右俣か左俣か、地図のない人生は何を根拠に選べばいいのだろうか。この年にして試行錯誤の生き様は何とも情けない限りだがこれが実態だ。
さて、読者にとってどうでもいい話はこれぐらいにして、本書を手に取った方が一つでも多くの沢を遡行してくれことが筆者の何よりの喜びとなる。最優先すべきが事故や怪我もなく無事下山することなのは言葉を待たない。

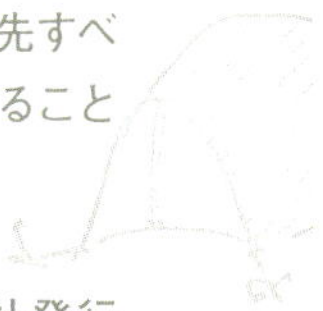

ルート選定の一環に北海道撮影社発行の「北海道の山と谷」、白水社発行の「日本登山体系」を参考にさせていただいた。
最後になったが、本書の出版に至るまでに多くの方のご尽力があった。取材に同行してくれた北海道山メーリングリスト（HYML）の多くの仲間よ、有難う。無償で写真を提供してくれた沢屋達の懐の深さに感謝。イラストを描いてくれた室蘭栄高校の先輩、田端さち子さん、編集担当の共同文化社・長江ひろみさん、装丁とデザイン担当の㈱アイワード・佐藤良二さん、珍田由華さんほか様々な形でご協力して頂いた皆さんへもこの場を借りて心より厚くお礼申し上げます。

2010年卯月の朝、
昨夜串鳥で呑んだ酒が残るままに
ganさんこと **岩村和彦**

ganさんが遡行

北海道の沢登り

オールカラー
224ページ
定価2000円+税

［**レベル一覧**］一部既刊の本を修正している箇所があります

ルート	難易度	面白さ	体力	藪漕ぎ
珊内川本流から珊内岳	★★	★★☆	★★★	★★
伊佐内川から積丹岳	★☆	★★	★★	★★
星置川から発寒川縦走	★☆	★☆	★☆	★
湯の沢川から万計沼	★	★☆	★	なし
幾春別川左股沢から幾春別岳	★	★	★	★☆
札的沢三の沢左股から 861m 峰	★☆	★☆	★	★
札的沢三の沢右股から 844m 峰	★☆	★☆	★	☆
札的沢一の沢左股から 844m 峰	★☆	★☆	★	★
幌小川から浜益岳	★☆	★☆	★★★	★☆
ポンショカンベツ川から暑寒岳	★☆	★★☆	★★	★
白井川本流から余市岳	★☆	★★☆	★★★	★★★
千呂露川 1014 左沢から 1790m 峰・チロロ岳	★	★	★★☆	★★★
沙流川ニセクシュマナイ川から 1347m 峰	★☆	★	★☆	★★
パンケヌーシ川北東面直登沢から雲知来内岳	★	★	★☆	★☆
ニオベツ川南面直登沢から野塚岳	★☆	★★☆	★	★
ニオベツ川 580 右沢から 1220m 峰	★	★	★	★★
ニオベツ川上二股の沢 780 左股から十勝岳	★☆	★★	★★	★
コイボクシュメンシュンベツ川から楽古岳	★☆	★★☆	★☆	なし
ニオベツ川南西面直登沢からオムシャヌプリ	★☆	★★☆	★☆	★
ヌビナイ川右股川からソエマツ岳	★★★	★★★	★★☆	☆
豊似川左股川からトヨニ岳南峰・北峰	★☆	★★☆	★★☆	★
知内川奥二股沢右股から前千軒岳・大千軒岳	★★	★★☆	★★★	★★
太櫓川北北西面沢から遊楽部岳旧山頂	★☆	★★	★★	★
臼別川から遊楽部岳	★★	★★★	★★★	★★★
トムラウシ川西沢からトムラウシ山	★★	★★★	★★★	★★
イワウベツ川・盤ノ川から羅臼岳	★☆	★★☆	★★	☆

ganさんが遡行

北海道沢登り三昧

オールカラー
240ページ
定価2000円＋税

［レベル一覧］ 一部既刊の本を修正している箇所があります

ルート	難易度	面白さ	体力	藪漕ぎ
蝦蟇沢から札幌岳	★	★★	★★	なし
漁川から漁岳	★	★☆	★	★
発寒川から 871 林道	★☆	★★	★★	★
狭薄沢から狭薄山	★	★	★	★
ラルマナイ川から空沼岳	★	★	★★	★★☆
漁入沢から漁岳	★☆	★★☆	★★	★★☆
大沢から風不死岳	★	★☆	★★	★★
豊平川本流から 1128m 峰	★	★★	★	★
幌内府川から余市岳	★☆	★★	★★	★★
黄金沢から 635m	★	★★	★	なし
ユーフレ川本谷から芦別岳	★☆	★★☆	★★	なし
貫気別川南面沢から貫気別山	★☆	★☆	★☆	★
芽室川北東面直登沢から芽室岳西峰・本峰	★☆	★★	★★	★
額平川北カール直登沢から幌尻岳・戸蔦別岳	★☆	★★	★★	☆
戸蔦別川カタルップ沢から神威岳	★★	★★★	★★☆	☆
リビラ沢西面沢からリビラ山	★	★	★	★★
沙流川 455 左沢から 1042m 峰	★	★	★	★☆
額平川 400 右沢から苦茶古留志山	★	★☆	★	★
パンケヌーシ川五の沢から 1753m 峰	★	★	★☆	★
ウエンザル川北面沢から 1073m 峰	★	★	★	★
コイボクシュメナシュンベツ川から十勝岳	★	★☆	★	☆
シュウレルカシュペ沢からイドンナップ岳	★☆	★★	★★★	★★
鷲別来馬川裏沢から鷲別岳（室蘭岳）	★	★☆	★	なし
泊川から大平山	★☆	★☆	★★	★★
浄瑠璃沢から冷水岳	★★	★★	★★☆	★★
松倉川から 750 アヤメ湿原	★	★★	★☆	なし

協力者一覧（敬称略・五十音別）

SPECIAL THANKS

［**写真協力**］

阿部昭彦・阿部博子・加藤正義・川辺マリ子
栗城幸二・坂口一弘・菅野敏明・高橋武夫
仲俣善雄・穂積玲子・宮野二嘉・山内忠・山下真

［**遡行協力**］

青木聡子・阿部昭彦・阿部博子・伊藤久平
井上孝志・井端久晴・岩岡勝己・岩田千恵子
太田昌宏・小野寺則之・角田洋一・加藤正義
川辺マリ子・菊地宏治・北山富治・栗城幸二
小泉照容・小寺梨詠・佐藤孝一・佐藤真弓
霜田早苗・菅野敏明・菅原厚・杉山斉・世古勇
太刀川賢治・田端さち子・辻紀子・土屋孝浩
坪田正勝・外館元紀・鳥本鋭二・仲俣善雄
西川優子・畠山ひろみ・廣川明男・藤本悦子
堀内正・前道俊一・宮野二嘉・弥永幸子
山内忠・吉村光代・和田岡信一・和田岡美和子

※この地図の作成にあたっては、国土地理院長の承認を得て、
同院発行の2万5千分の1地形図を使用した。（承認番号）平22道使第1号

ganさんが遡《ゆ》行《く》
北海道の沢登り 独断ガイドブック
オリジナルの人生に乾杯!

2010年5月22日　初版第1刷発行

［著　者］岩村和彦
［イラスト・マンガ］田端さち子　［装丁・デザイン］佐藤良二・珍田由華
［発行所］共同文化社
〒060-0033 札幌市中央区北3条東5丁目　TEL 011-251-8078
http://kyodo-bunkasha.net/
［印　刷］株式会社アイワード

ISBN978-4-87739-180-5 C0075